Temperament im Beet

Mut zur Farbe!

Temperament im Beet

Mut zur Farbe!

KRISTIN LAMMERTING
FOTOS: MARION NICKIG

Inhalt

Herbst – Farbfinale 76

Blickpunkte – Farbgiganten 104

Temperament im Beet – Glücksgefühle im Garten

Mut zur Farbe heißt die Zauberformel! Farbe hat die Kraft und Macht, Emotionen zu wecken und schöne Erinnerungen wachzurufen. Sie hebt die Stimmung und füttert unsere Seele mit guten Gefühlen. Mut zur Farbe im Garten heißt, mit Temperament und Neugier den Mut für das Neue und Außergewöhnliche zu entwickeln. Das kreative Experimentieren mit intensiven Farben schenkt kraftvolle Gartenbilder voller Lebenslust.

Temperamentvolle Menschen begeistern uns mit ihrer ansteckend guten Laune. Sie versprühen durch Humor und Leichtigkeit pure Lebensfreude. Wer hat denn eigentlich Temperament? Anke Engelke – TV-Komikerin, Schauspielerin, Moderatorin – ist ein echtes Temperamentsbündel und begeistert ihr Publikum durch ihre unkonventionelle, offene und gewitzte Art: ein echter »Ladykracher«. Die laut Umfragen Top-Traumfrau vieler Männer bringt uns zum Lachen. Und das ist sehr gesund, wie uns Eckhard von Hirschhausen näherbringt. Er öffnet uns die Augen: Glück lauert an jeder Ecke. Für uns Gärtner/-innen immer im Beet.

Farbenfrohe Lebenslust

Leidenschaftliches Rot, fröhliches Gelb, lustiges Pink, freches Lila, sonniges Orange und knalliges Blau gehören zur großen Farbpalette für temperamentvolle Beete. Nach einem langen und trüben Winter ist unsere eigene Vitalität auf dem Tiefpunkt. Ein Frühlingsrausch der kräftigen Gartenfarben rüttelt unsere verschlafenen Sinne wach. Zwiebelblüher zaubern in müde Beete Frohsinn. Besonders jetzt schätzen Gartenliebhaber/innen temperamentvoll bunte Beete, die mit Pauken und Trompeten das ersehnte Gartenjahr einläuten: Endlich ist der Frühling da!

Dann wird es immer sonniger, die Tage werden länger. Heißblütige Stauden übernehmen jetzt den Taktstock im Gartenorchester und heizen den Beeten mit intensivem Farbfieber ein. Mit südlichem Temperament zeigen sich Rabatten in frechen Farben, kraftvoll und selbstbewusst wie von Impressionisten gemalt. Egal ob van Gogh oder Monet, diese Maler hatten für ihre Zeit großen Mut zur Farbe. Ihre unwiderstehlichen Kunstwerke berühren noch heute Millionen von Menschen und können uns Gärtner anfeuern, unsere Beet-Bilder couragiert mit viel Kolorit zu gestalten: ein Feuerwerk der Farben.

Das Größte zum Schluss

Im Herbst, wenn die Sonne schon tiefer steht und den Garten vergoldet, kommt das große Finale der Farben. Dahlien in satten Tönen strahlen um die Wette und Astern setzen leuchtende Akzente. Gelb- und Kupfernuancen verkünden im furiosen Schlussakkord den letzten Höhepunkt vor dem nahenden Winter. Dessen farblose Zeit überbrücken Gärtner und Gärtnerinnen tunlichst mit dem Genießen von bunten Pflanzenkatalogen und Gartenbildbänden. Dann kann Ausschau gehalten werden nach »Farbgiganten«. Diese Gartenriesen beeindrucken nicht allein durch ihre Farbe, sondern besonders durch ihre hünenhafte Statur. Ob als Einjährige oder Stauden, sie haben eine enorme Präsenz und bringen wuchtiges Temperament ins Beet: charaktervolle Individualisten für die Mutigen unter uns.

Jetzt wünsche ich viel Spaß an temperamentvollen Beeten: Mut tut gut!
Herzlichst Ihre

Kristin Lammerting

Lustige Kokardenblumen (*Gaillardia*), auch Maler- oder Papageienblumen genannt, tummeln sich wie Kobolde in einem Bällebad aus lila Kugel-Lauch (*Allium sphaerocephalon*).

Frühling

Farbrausch

Bunte Frühlingsblüten drängen kraftvoll empor und entfachen ein Farbfeuerwerk der guten Laune im Beet. Die Fröhlichkeit steckt an und schenkt uns einen Energieschub für das neue Gartenjahr: Lassen Sie sich von der Macht der Farben berauschen!

Kraftvoller Saisonbeginn

Nach grauen, dunklen Wintertagen hungern wir nach Farbe im Garten. Bei den ersten Sonnenstrahlen öffnet sich die dunkle Erde. Wie von Zauberhand recken sich die Knospen geschwind gen Himmel und malen bald die schönsten Farbbilder in die Beete. Die Farben des Frühlings erscheinen uns als die intensivsten des ganzen Jahres. Lebhafte optische Reize wecken Frühlingsgefühle und vor allem unsere Garteneuphorie: Hurra, der Lenz ist da!

Mit dem Aufbruch in die neue Gartensaison beginnt bereits die erste große Farbernte, denn weitsichtige Gärtner und Gärtnerinnen haben im Herbst großherzig Frühlingstauden gesetzt und viele Zwiebelblüher gesteckt. Aus den unterirdischen Kraftpaketen »explodiert« ein buntes Meer von Blüten. Zart zu Anfang, steigert sich die kraftvolle Brillanz zum ersten Farbrausch des Jahres.

Starke Farben – große Leidenschaft

Der Frühling ist vielleicht die emotionalste Gartensaison, weil wir Veränderungen so nachdrücklich wahrnehmen und die frischen Farben in uns aufsaugen möchten – gewissermaßen ein winterlicher Kaspar-Hauser-Effekt. Die furiosen Farben der Zwiebelblüher, einerlei ob Narzisse, Tulpe oder Zierlauch, entfalten ihre gigantische Farbpalette zu einem leidenschaftlichen Frühkonzert mit Pauken und Trompeten. Viele kleine Primelblüten, ganze Kissen von sonnigem Goldlack, rassig roter Mohn oder herrliche Pfingstrosen, groß wie Kindergesichter, eröffnen als Ouvertüre die große Farbsymphonie des Gartenjahres. Kühnste Farbträume werden wahr und der temperamentvolle Tanz im Beet nimmt seinen beschwingten und glücklichen Lauf.

Links: Vor limonengrüner Wolfsmilch (*Euphorbia polychroma*) tanzen miteinander die orangefarbenen und roten Tulpen 'Ballerina' und 'Red Shine'.
Rechts: »Frühling lässt sein blaues Band …« mit dem Scheinmohn (*Meconopsis grandis*) im Beet flattern.

Zierlauch, *Allium*-Hybride 'Lucy Ball'

Wuchs: Höhe 100 cm. Der Zwiebelblüher Zierlauch ist der große Bruder vom Schnittlauch. Die schmalen, aufrecht gebogenen Blätter setzen stängelumfassend an der Basis an und sind oft bereits bei der Blüte verwelkt. Der kräftige, standfeste Stängel steht kerzengerade.

Blüte: Mai und Juni. Die besonders kompakten, fast kugelrunden Blüten bestehen aus vielen Einzelblütchen in einem intensiven Purpurviolett.

Standort: Zierlauch steht gerne sonnig. Staunässe verträgt er nicht.

Pflege: *Allium*-Zwiebeln werden im Herbst dreimal so tief gepflanzt, wie die Zwiebel hoch ist. Den Boden mit Kompost vorbereiten. Für eine jahrelange, üppige Blüte braucht *Allium* regelmäßige Düngung, z.B. zum Austrieb eine Handvoll organischen Dünger (Typ Tomatendünger). Die Blüten

Zierlauch 'Lucy Ball' reckt kess ihren kugeligen Blütenkopf, der aus vielen kleinen Einzelblütchen zusammengesetzt ist, in die Luft. Der perfekte Ball schwebt dank hohem, stabilem Stiel (100 cm) kühn über jedem Beet.

erst abschneiden, wenn die Stängel eingetrocknet sind.

Verwendung: Die flotten lila Sternkugeln eröffnen mit Pauken die Ballsaison. Da geht es rund! Lila »Gute-Laune-Kugeln« tanzen Rock'n'Roll im Beet. Ob in schwungvollen Drifts oder wie ins Beet geworfen, sie schweben lustigen Seifenblasen gleich durch den Spätfrühling. Die rasch welkenden Blätter können gut unter Blattstauden, z.B. Funkien (*Hosta*), versteckt werden. Je nach Sorte malen dicke und kleine Charakterköpfe witzige Tupfer in den Garten und sind mit ihrer großen Fernwirkung im Beet echte Kracher.

Varianten: Rundum ein Superstar ist der Riese 'Globemaster' (90–100 cm), mit Blüten groß wie Handbälle turnt er im Beet. Purpur-Kugellauch (*A. aflatunense*) 'Purple Sensation' (80–90 cm) hat 10 cm dicke Blütenkugeln, die auf fast unsichtbaren Antennen-Stängeln stehen. In Massen gesetzt, bildet er ein prickelndes Kugelbad. Metallisch glänzender Sternkugel-Lauch (*A. christophii*, 40–60 cm) lässt große Sterneinzelblüten feuerwerksartig sprühen und bringt damit Sektlaune ins Beet. Selbst getrocknet setzt er die prickelnde Party fort.

Goldlack, *Erysimum cheiri* 'Brillant Bedder Series Mixed'

Wuchs: Höhe 30–60 cm. Büscheliger, basal oft verholzender Halbstrauch mit lanzettlichen Blättern.

Blüte: Blüht von April bis Oktober, ein echter Dauerbrenner mit köstlichem Duft. Dieser Goldlack ist ein Goldkind, das mit herrlichstem Gelb, Orange und Rot dem Frühling richtig einheizt. Er gehört zu den Kreuzblütlergewächsen und hat, wie der Name sagt, vierzählige, kreuzförmige Blüten, die etwa 2,5 cm breit sind. Sie stehen in länglichen, schirmrispenartigen Trauben.

Standort: Volle Sonne. Schätzt armen bis mäßig fruchtbaren Boden (kein Dünger) und gut drainierte, am besten alkalische Erde. In England heißt der Goldlack »wallflower«, weil er gerne an Mauern, auf Burgen und gar in Schutt gedeiht.

Pflege: Goldlack ist eine Staude, und da nicht allzu langlebig, wird sie meist als Zweijährige kultiviert. Sie kann leicht aus Samen oder Stecklingen gezogen werden, verwildert durch Selbstaussaat. In geschützten Lagen überlebt Goldlack, mit Fichtenreisig als Winterschutz, durchaus viele Jahre. Man kann auch Sämlinge im Glashaus überwintern und ihn so erhalten.

Verwendung: An warmen Plätzchen in Hausnähe und in geschützten, sonnigen Lagen ist Goldlack ein lustiges Landkind. Auch falls er nur eine Saison im Beet tanzt, diese »Grille unter den Ameisen« sollte wegen der unermüdlichen Blüte mehr geschätzt werden. 'Brillant Bedder Series Mixed' hat die fröhlichsten Farben in den Lieblingstönen des Frühlings: einfach genial!

Varianten: Die *E.*-Hybride 'Bowles' Mauve' (70 cm) blüht strahlend purpurviolett und ist eine gut winterharte und dauerblühende Schönheit. Sie bildet mit ihren graugrünen Blättern einen hübschen Busch, der kugelig geschnitten werden kann. Im Kübel eine temperamentvolle Sensation. 'Constant Cheer' und 'Sweet Sorbet' (30–40 cm) sind Blüten-Wundertüten, die orange aufblühen und dann in ein helles Purpur übergehen: bravissimo! *E. pulchellum* 'Altgold' (20 cm), ein Polster-Goldlack, bringt Sonne pur in Steingärten und auf Mauerkronen.

Dieser duftende Goldlack ist wirklich »goldig«. Er wird als Schnellkeimer aus Samen gezogen und ist eine populäre Bauerngarten-Blume.

Palisaden-Wolfsmilch, *Euphorbia characias* subsp. *wulfenii*

Die Palisaden-Wolfsmilch strahlt im Frühling schon von Weitem und spielt den Rest des Jahres den attraktiven »Muskelprotz« – gerne auch im Kübel.

Wuchs: 80 bis 120 cm Höhe und von imposanter Statur. Die Immergrüne trägt ihre silbrig grünen, lanzettlichen Blätter walzenförmig um die unverzweigten Stängel angeordnet. Von ihrer ausladenden ornamentalen Form leitet sich ihr weiterer Name ab: Riesen-Wolfsmilch.

Blüte: Sehr große, gelbgrüne Blütendolden aus vielen Einzelblüten. Besonders lange Blütezeit von April bis Juni.

Standort: Als Mittelmeerpflanze schätzt sie einen sonnigen und trockenen Standort. Sie ist nur in wintermilden Regionen ausreichend frosthart, aber Winternässe macht ihr zu schaffen. Der Boden sollte daher stets durchlässig sein. Obwohl sie zu den Kalkliebenden gehört, toleriert sie auch leicht sauren Boden.

Pflege: In rauen Gegenden sollte man Winterschutz geben. Sonst wenig aufwändig, aber Achtung: Beim Rückschnitt, der direkt über dem Boden erfolgt, tritt ein latexartiger, milchiger Saft aus, der stark hautreizend wirkt (er ist für den deutschen Namen »Wolfsmilch« verantwortlich, quasi »beißend wie ein Wolf«). Daher unbedingt mit Handschuhen arbeiten.

Verwendung: Ihre prächtige, etwas exotische Wuchsform macht sie zur Leitstaude in der Rabatte, die nicht nur während der Blüte die Blicke auf sich zieht. Die gelbgrünen Blütendolden strahlen im Frühling schon von Weitem.

Varianten: Viele! Die Gold-Wolfsmilch (*E. polychroma = E. epithymoides*) ist klein (20–40 cm), aber oho! Ihre leuchtend goldgelben Blüten haben große Fernwirkung und spielen gern den Spaßmacher im Beet. Die fröhlich gelbe Sumpf-Wolfsmilch (*E. palustris,* 90 cm) mag es feucht. Unter den Sorten der Himalaya-Wolfsmilch (*E. griffithii*) sind besonders 'Fern Cottage' (80 cm) und 'Dixter' (70–100 cm) farbenprächtige Temperamentbündel mit leuchtend orangeroten Blüten und einer tollen Herbstfärbung. Die Steppen-Wolfsmilch (*E. seguieriana*) wird 40–70 cm hoch. Ihre gelbgrünen Blüten erscheinen erst ab Juni und bleiben bis in den Herbst leuchtkräftig.

Bart-Iris, *Iris*-Germanica-Hybride 'Titan's Glory'

Wuchs: Höhe 100 cm. Die graugrünen Blätter in Schwertform sind für den weiteren deutschen Namen »Schwertlilie« verantwortlich. Sie verheißen Schneidigkeit und sind von dynamischer Eleganz – eine wahre Prachtstaude.

Blüte: Sie gleicht einer Orchideen-Diva und ihr seidiges Blau einer Königin der Nacht. Die nach oben gewölbten Domblätter und die edlen Hängeblätter, auf deren Wölbung der Bart (die Staubgefäße) angesiedelt sind, erscheinen im Mai/Juni und sind intensiv gewellt.

Standort: *Iris* möchten in der prallen Sonne braten, auf gut durchlässigem Boden, der eventuell mit Sand oder Split abgemagert wird. Beste Pflanzzeit ist nach der Blüte, also ab Ende Juni bis Anfang Oktober.

Pflege: Beim Pflanzen und auch später die Rhizome nicht mit Erde bedecken, weil sie sonst faulen. Boden nur vorsichtig lockern, um die Wurzeln nicht zu beschädigen.

Verwendung: Sonnige Plätze sind die Bühne für die sprühenden Zirkuspferdchen, die gerne bewundert werden. Vorne im Beet stehen ihre märchenhaften Blüten und die rassigen, schnittigen Blätter im richtigen Rampenlicht. In größeren Gruppen zeigen sie auch eine ausgesprochen gute Fernwirkung.

Varianten: Diese Familie hat unzählige temperamentvolle Mitglieder, die prachtvoll in allen bunten Farben des Regenbogens schillern. Ob intensiv einfarbig oder in kunstvollen Farbspielen, *Iris* sind die bunten Vögel, die höher fliegen.

'Feu du Ciel' (90 cm): ein leuchtend tieforangefarbenes Himmelsfeuer mit machtvoller Fernwirkung. 'Merlot' (110 cm): Die burgunderrote Blüte mit honiggelbem Bart ist einfach ein Erlebnis. 'Thriller' (110 cm) entfaltet ein mörderisch kraftvolles Purpur und bis zu 10 Blüten an mehrfach verzweigten Stielen. 'Vamp' (50 cm) verführt mit purpurroten Blüten und violettem Bart. Diese Lady ist ein wahrer Killer.

Iris 'Titan's Glory' ist eine temperamentvolle, typische Vertreterin der Schwertlilien: robust im Wesen, am trockenen Standort unerschütterlich und von aufreizender Schönheit.

Türkischer Mohn, *Papaver orientale* 'Beauty of Livermere'

Wuchs: Höhe 90–110 cm. Horstbildende, sich mit kurzen Ausläufern ausbreitende Staude mit weißborstig behaarten Trieben. Blätter lanzettlich in gesägte Segmente gegliedert, sie ziehen nach der Blüte ein.

Blüte: Mai und Juni. Wow! Was für ein freches Scharlachrot, das Emotionen zum Kochen bringt. Einem Wunder gleich schälen und entfalten sich die handgroßen, seidig glänzenden Blüten aus behaarten Knospen. Sie lassen das Gärtnerherz aufgehen. Das Innere der Blüte ist überwältigend: In der Mitte, auf kontraststarkem, schwarzem Grund, tummeln sich dunkle Staubblätter, frivol wie eine Federboa, vor dem Feuerrot.

Standort: Sehr sonnig, auf lockerem, durchlässigem, nährstoffreichem, trockenem Boden ohne jede Staunässe. Die erstaunlich imposante wie unkomplizierte Staude findet mit ihrer Pfahlwurzel gerne auf Anhieb ihr endgültiges Zuhause. Sie will nicht gern verpflanzt werden und braucht nur wenig Platz.

Pflege: Ein Vorteil der langen Wurzel ist, dass Mohn so gut wie nie gegossen werden muss. Den Boden nur vorsichtig um die Pflanze herum lockern, denn die Wurzeln sind empfindlich. Etwas Kompost und Hornspäne dankt der Mohn mit leuchtendem Blütenreichtum. Nachdem er abgeblüht ist, ziehen die Blätter ein. Die Pflanze stehen lassen, nur vertrocknete Reste abschneiden. Zur Entwicklung der Staude kann man in den ersten Jahren die Samenstände entfernen. Später sollten diese belassen werden, weil sie langlebige Schmuckstücke darstellen.

Verwendung: Knallroter Mohn ist ein starker Blickfang, ein wahrer »Show-Stopper«. Er eignet sich zur Blütezeit wunderbar als Leitstaude. In Einzelstellung oder als kleine Gruppe bringt er immer loderndes Feuer in die Pflanzung. In einem roten Beet wirkt Türkischer Mohn leidenschaftlich bis zu rauschhafter Ekstase. Prachtvoll und selbstbewusst spielt er mit jeder kräftigen Farbe. Dicke violette *Allium*-Kugeln sind Traumpartnerinnen. In kunterbunten Beeten geben die roten Schönheiten gerne und gut den Ton an. Türkenmohn passt zu jeder Farbnuance in Beet. Er sollte in den mittleren oder hinteren Reihen des Beetes platziert sein, damit die netten Nachbarn nach dem Einziehen der Blätter die entstehende Lücke gnädig kaschieren. Hohes Schleierkraut ist dabei eine geschickte Verbündete.

Varianten: Der leidenschaftlich glühende, orangerote 'Türkenlouis' (80 cm) ist ein fescher Mohn-Komödiant oder erinnert gar an einen morgenländischen Prinzen. Die auffälligen, stark leuchtenden Blüten sind gefranst wie Cheerleader-Puschel und heizen dem Beet auch ebenso ein. Leise kann er niemals sein, egal ob in ganz wilden Horden oder als spaßiger Solist, seiner Lieblingsrolle. Im Beet sollten seine Partner entweder männliche Stärke zeigen oder wie Gräser ihn weich und feminin umschmeicheln. Zusammen mit Afrikanischem Lampenputzergras *(Pennisetum setaceum)* 'Fireworks' hat man ein feuriges Powerpaar. Auf jeden Fall ist 'Türkenlouis' gut für jede Menge Spaß im Beet. 'Marlene' hat kleinere, kräftig weinrote Blüten, die mit ihrem neuen harmonisierenden Farbton die Farbplatte der Türkenmohne herrlich bereichern.

Schlafmohn *(P. somniferum,* 50–90 cm) ist speziell in seiner gefüllt blühenden Variante völlig ausgeschlafen. Aufgrund der 10 cm breiten, pfingstrosenähnlichen Blüten wird er auch als Päonien-Mohn bezeichnet. Als Einjähriger tanzt dieser Mohn zwar nur einen Frühling lang, aber lebt nach dem Motto: Nur die Guten sterben früh. 'Seriously Scarlet' (45–60 cm) hat dicht gefüllte, kräuselige Blüten in starkem Rot, das dem Temperament der Scarlet O'Hara aus »Vom Winde verweht« ebenbürtig ist. 'Purple Peony' (60–90 cm) könnte mit seinem galanten Tiefpurpur und den elegant graugrünen Blättern den Rhett Butler spielen. Vorsicht: Schlafmohn ist giftig.

Marienkäfer-Mohn *(P. communatum,* 50 cm), auch »Ladybird« oder »Zwerg-Mohn« genannt, hat an der Basis seiner knallroten Blütenblätter schwarze, namensgebende Herzflecken. Die Aussaat dieses einjährigen Mohns erfolgt direkt ins Freiland.

Links oben: Der einjährige Schlafmohn 'Seriously Scarlet' ist ein Temperamentbündel mit Südstaaten-Flair.
Links unten: Türkenmohn 'Beauty of Livermere' zieht wie ein wahres Showgirl alle Blicke auf sich.
Rechts: 'Türkenlouis' spielt mit seinen witzig geschlitzten Feuerblüten den temperamentvollen Spaßvogel im Beet.

Primeln, *Primula*

Primeln sind beliebte Frühlingsblüher und ihr Name (lateinisch: prima = die Erste) lässt sich auf die frühe Blütezeit zurückführen. Die etwas nostalgische Pflanzengattung, die schon unsere Großeltern zu schätzen wussten, umfasst heute über 500 verschiedene Arten, die stark in ihrer Größe und Erscheinung variieren.

Primeln scheinen die Lieblingskinder von Pflanzenzüchtern zu sein, denn jedes Jahr bringen sie neue Sorten, die immer früher und immer bunter zum Kauf locken. Im Garten gibt es fast für jedes Plätzchen eine passende Primelsorte aus dem schier unübersehbaren Sortiment, bei dem nur noch »Primulogen« den Überblick behalten. Hier werden 3 besonders farbenfrohe und anmutige Primel-Formen vorgestellt.

Links oben: Die Orchideen-Primel ist ein Augenschmaus in Beet und Kübel.
Links unten: Die reich blühende Kugelprimel 'Rubin' tupft mutig karminrote bis violette Edelsteine ins frühe Frühlingsbeet.
Rechts: Etagen-Primeln schieben monatelang Blütenquirle empor und sind am geeigneten Standort wahre Blühwunder.

Etagen- oder Kandelaber-Primel, *Primula*-Bullesiana-Hybriden

Wuchs: Höhe 40–60 cm. Rosettenbildende Pflanze mit eiförmigen Blättern und stabilen Stängeln.

Blüte: Ab Juni bis in dem Sommer hinein tragen kräftige Triebe Blütenquirle aus 5–7 Wirteln mit 5 und mehr stieltellerförmigen, orangeroten Blüten. Sehr erfreulich ist die äußerst lange Blühdauer. Zunächst erscheint ein Blütenquirl und dann schieben sich nach und nach, wie bei einem Teleskop, neue Blütenwirtel empor.

Standort: Halbschattig oder absonnig. Feuchte, humose Plätze, z. B. Uferzonen, in luftfeuchter Lage.

Pflege: Ausreichend wässern. Der Boden sollte nicht austrocknen. Wenn sie blühfaul werden, die Pflanzen teilen. Bräunliche Blütenstände absammeln, trocknen und Anfang Juli im kühlen Schatten aussäen. Bereits im kommenden Jahr erfreuen neue Blüten.

Verwendung: Die sehr dekorativen Etagen-Primeln schmücken wunderbar Teichränder oder Bachläufe. Ein langes und lustiges Fest von Blütenkränzen ist garantiert. Wenige Pflanzen erfreuen mit ihrer mädchenhaften Zartheit, während in großer Menge gesetzt, die Blüten mit ihren unterschiedlichen Höhen einen herrlichen Farbvorhang bilden.

Varianten: Zahlreiche, farbintensive Hybriden werden besonders als Samen angeboten und mitunter auch im Stauden-Handel.

Kugel-Primel, *Primula denticulata* 'Rubin'

Wuchs: Höhe 20–30 cm. Aufrecht und horstbildend mit spatelförmigen Rosettenblättern und kräftigen Stielen.

Blüte: März bis Mai. Kugelartige Blütenform, rundum aus trichterförmigen, rubinroten Einzelblüten zusammengesetzt. Reich blühend.

Standort: Halbschattig; sonnige Standorte eignen sich nur bei nicht austrocknendem Substrat. Gerne am Gehölzrand auf frischen Böden, die normal durchlässig, nährstoffreich, humos und kalkarm sind.

Pflege: Herbstpflanzung, sät sich gerne selbst aus. Nicht austrocknen lassen.

Verwendung: Die rubinfarbene Kugel-Primel kommt am schönsten zur Geltung, wenn sie nicht in Gruppen, sondern wie zufällig im Blumenbeet angepflanzt wird.

Varianten: 'Blaue Auslese' strahlt violettblau, 'Grandiflora' marineblau und 'Rubin Auslese' erglüht dunkelrot.

Orchideen-Primel, *Primula vialii*

Wuchs: Höhe 30–50 cm. Buschig aufrecht. Längliche Blätter in hellem Grün mit deutlicher Maserung.

Blüten: Ab Juni bis in den Juli. Pyramidenförmige Blütenähren.

Standort: Halbschatten bis Schatten. Feuchter, lehmig humoser, kalkarmer Boden sowie gute Luftfeuchtigkeit.

Pflege: Im Frühjahr Kompost ausbringen.

Verwendung: Dieser Kobold tummelt sich im Staudenbeet gerne mit seinesgleichen.

Varianten: Keine

Pfingstrose, *Paeonia*

Wuchs: Höhe 60–100 cm. Horstbildende Stauden mit kräftigen, geschlitzten Blättern, die auch nach der Blüte eine gute Figur machen.

Blüte: Mai und Juni. Pfingstrosenblüten sind schalen- oder schüsselförmig. Die ungefüllten Blüten haben attraktive, große Staubblattbüschel. Halbgefüllte haben 2–3 Reihen an Kronblattkreisen. Königinnen unter den *Paeonien*-Sorten sind die mit großen, kugeligen gefüllten Blü-

ten. Ihre schmalen, einander überlappenden, gekräuselten und häufig dicht gedrängten Kronblätter gleichen üppigen Tanzröcken. Temperamentvolle Pfingstrosen sind pink und rot.

Standort: Volle Sonne bis Halbschatten. Tiefer, fruchtbarer, frischer, aber wasserdurchlässiger Boden.

Pflege: Pfingstrosen sind langlebig und mögen keine Störungen, ansonsten sind

sie bei guter Düngung sehr pflegeleicht. Rückschnitt im Herbst, dann kann – wenn es sein muss – auch am verträglichsten umgepflanzt werden.

Verwendung: Die Bezeichnung »Pfingstrose« klingt nicht besonders rassig, aber ihre Blüten sind eine Wucht! Wie Musicaltänzerinnen ihre farbenfrohen Ballonröcke präsentieren sie ihre üppig gerüschten Bauschblüten. Die einstmaligen Bauernblumen schenken einen zwar

kurzen, aber dafür hinreißenden und leidenschaftlichen Blütenrausch. Sie sitzen gerne in der Mitte eines Beetes und damit im Zentrum des Farbwirbels. Besonders stark wirken sie mit anderen intensiven Farbsorten. Ihre herrlichen Blätter halten als edles Füllwerk bis zum Herbst durch.

Varianten: Die Bauern-Pfingstrose *(P. officinalis)* 'Rubra Plena' (80 cm) hat leuchtend rote Cancan-Blütenröcke von erstaunlicher Erotik. *P. lactiflora* 'Dr.h.c. Steffen' – was für ein Name für diese besonders reizvolle Edel-Pfingstrose – blüht weinrot wie ein funkelnder Edelstein. Sie müsste Carmen heißen. 'Fokker' ist karminrot mit überraschendem Amethystglanz und schönem, rotem Laub: ein flottes Mädchen. 'Svarte Petter' ist ein lustiges Kasperl, ihre Blüten leuchten wie Narrenkappen: knallrote, einfache Schalen mit gelben Staubblatt-Püscheln. 'Sarah Bernhardt' ist wie die Namensgeberin eine tolle Schauspielerin mit zartrosa Blüten.

Die tief pinkfarbene Edel-Pfingstrose 'Purpurea Superba' ist ein Klassiker für brillante Beete, die prachtvollen Bouquets gleichen.

Ranunkel, *Ranunculus asiaticus*

Wuchs: Je nach Sorte bis zu 40 cm hoch. Ein- oder mehrstielig mit dreifach gelappten Basalblättern, während höher am Stamm sitzende Blätter tiefer gesägt sind. Ranunkeln haben einen attraktiv kompakten Wuchs.

Blüte: Mai/Juni. Mit ihren romantischen, wie Ballettröckchen gefüllten, runden Blüten gehören sie zu den schönsten Frühlingsblühern. Ihre 3–5 cm großen, rosenähnlichen Blüten gibt es in einer reichen Farbpalette von kräftigem Gelb über freches Orange und Knallrot bis zu intensivem Purpur und dazu alle kunterbunten Zwischennuancen. Ranunkeln sind einfach zum Verlieben hübsch.

Standort: Sonnig, aber vor Mittagssonne schützen. Durchlässiger Boden, feucht, aber nicht zu nass, nährstoffreich und humos.

Pflege: Ranunkeln haben fleischige Knollen, die vor dem Pflanzen über Nacht in Wasser gelegt werden. Im Herbst gut 5 cm tief mit den Krallenwurzeln nach unten pflanzen und den Boden gleichmäßig feucht halten. Ein Winterschutz aus Kompost und Reisig ist in rauen Gegenden und bei schwerem Boden notwendig.

Will man ganz sichergehen, nimmt man die Rhizomknollen im Herbst auf und überwintert sie wie Dahlien trocken in einem ungeheizten Raum im Haus.

Verwendung: Ranunkeln sind die absoluten »Herzenswärmer« im Frühling. Sie sind herrliche Saisonschönheiten, die auch – bereits mit Blüten gekauft – schnell ein schütteres Beet in ein heiteres Farbtupferbild verwandeln. Ihr wahres Tänzerinnentemperament entfalten sie mit kurzstieligen, gefüllten Tulpen, z. B. einem 'Murillo'-Tulpen-Mix, oder mit kleinen Tête-à-Tête-Narzissen in einem Meer aus tiefblauen Traubenhyazinthen. Wie ein bunter Frühlingsstrauß lassen sich solche Kombinationen auch herrlich in Töpfen arrangieren.

Varianten: Zu den besonders temperamentvollen Sorten gehören 'Rood' in Blutrot, 'Oranje' in kräftigem Orange und 'Estrella Cuivre', die ein rot-gelbes Farbspiel zeigt.

Züchter überraschen den Markt in jedem Frühling mit neuen, zauberhaften Ranunkelsorten in atemberaubenden Farbkreationen.

Tulpen, *Tulipa*

Wer kennt ihre Zahl, nennt ihre Namen? Tulpen in kräftigen Farben als Frühlingsraketen sind für temperamentvolle Beete und ihre mutigen Gärtner und Gärtnerinnen ein absolutes Muss! Frei nach Loriot: Ein Gartenleben ohne Tulpen ist möglich, aber sinnlos.

Wuchs: Tulpen besitzen lineare, zungenförmige oder breit elliptische, am Rand manchmal gewellte Blätter, von meist mittel- oder graugrüner Farbe. Die Höhe der Blüten ist unterschiedlich.

Standort: Tulpen blühen an fast jedem Standort, weil sie dank ihrer fleischigen Zwiebeln über »integrierte Kraftfutterpakete« verfügen. Sie bevorzugen allerdings einen sonnigen Standort. Tulpen schätzen einen gut wasserdurchlässigen, leicht humosen Boden und vertragen keine Staunässe.

Pflege: Tulpenzwiebeln werden von September bis Ende Oktober ca. 10–15 cm tief in die Erde gesteckt. Die meisten der heute im Handel angebotenen Tulpen muss man als einjährig ansehen, weil im Folgejahr die Blüte oft unbefriedigend ausfällt. So ist ein komplettes Entfernen des Tulpenlaubs und der Zwiebeln ratsam, zumal es einer »Tulpenmüdigkeit« des Bodens vorbeugt.

Verwendung: Spiel ohne Grenzen! Tulpen sind die Spielmacher des temperamentvollen Frühlings nach dem Motto: mehr ist mehr. Eine unvergessliche Frühlingsouvertüre braucht ein großes Orchester. Die Zwiebeln ruhig dicht pflanzen, denn mehrere »Nester« blühender Tulpen sehen besser aus als vereinzelte Blüten. Wenn sie in größeren Abständen stehen, dann sollte es eine große Fläche sein, auf der sie als riesige Tulpen-Tanz-Formation über dem Beet schweben. Flott wirken Tulpen gleicher Sorte und damit Höhe in »Drifts«, also geschwungenen Kurzreihen.

Einfache Tulpen

Frühblühend: 'Christmas Marvel' (35 cm) leuchtet hellwach in einem kräftigen Pink.
Mittelblühend: 'Apeldoorn' (60 cm) ist der Superklassiker der blutroten Sorten mit sehr großen, perfekt geformten Blüten. 'Ad Rem' (60 cm), die Darwin-Tulpe glüht in einem Orangerot mit leuchtend gelbem Rand.
Spätblühend: 'Kingsblood' (60 cm) ist kirschrot und 'La Courtine' (65 cm) eine knallgelbe, rot geflammte Kurtisane.

Gefüllte Tulpen

Frühblühend: 'Murillo'-Mischungen (25 cm) sind farbenfrohe, kleine Frühlingskinder. 'Abba' (35 cm) blüht dunkelscharlach und ist außen kardinalrot geflammt.
Mittelblühend: Bei 'Willem van Oranje' (25 cm) und 'Doppeltes Rotkäppchen' (25 cm) ist der Name Programm.
Spätblühend: 'Orange Princess' (35 cm) ist eine wahrhaft temperamentvolle, holländische Prinzessin mit sonnig orangefarbenem Päonien-Röckchen.

Lilienblütige Tulpen

Spätblühend: 'Ballerina' (55 cm) hat mit ihrem intensiv leuchtenden Orange eine tolle Fernwirkung. 'Queen of Sheba' (60 cm), samtrot mit gelbem Rand, ist ein Blickfang. 'Mariette' (60 cm) zeigt ein starkes Pink mit toller Wespentaille. 'Westpoint' (50 cm) leuchtet schwefelgelb mit frech zurückgebogenen Blütenblättern.

Triumph-Tulpen

Frühblühend: 'Couleur Cardinal' (15–20 cm) ist ein scharlachroter Klassiker, erstaunlich langlebig und robust.

Mittelblühend: 'Helmar' (45 cm) trägt feuerrot geflammte, knallgelbe Blüten. 'Orange Bouquet' (50 cm) ist orange und mehrblütig.
Spätblühend: 'Prinses Irene' (35 cm) hat tolles bläuliches Laub und ist als sehr schicke Triumph-Tulpe blutorange und lila bereift. 'Abu Hassan' (50 cm) blüht blutrot mit gelbem Leuchtrand.

Papageien-Tulpen

Mittelblühend: 'Rai' (45 cm) brilliert mit leuchtendem Tiefviolett und Apfelgrün farbintensiv wie ein indischer Sari. 'Rococo' (45 cm) tritt in Feuerrot mit zierender, grüner Umrandung auf.
Spätblühend: 'Flaming Parrot' (55 cm) wirkt mit starkem Gelb und roten Flammen wie ein Paradiesvogel.

Links oben: Die aparte Viridiflora-Tulpe 'Virichic' hat eine lange Blütezeit. Im Hintergrund die gefüllte Sorte 'Allegretto'.
Links unten: 'Abu Hassan' hat braunrote Kelche mit Goldrand und tanzt mit der geflammten 'Fire Wings'.
Rechts: 'Blue Aimable' ist eine spätblühende, hohe Tulpe von eindrucksvoller Leuchtkraft.

Frühlingsduft liegt in der Luft

Nach einem kalten oder feuchten, fast geruchlosen Winter, der zudem oft verstopfte Nasen bescherte, schnuppern wir begehrlich die ersten Frühlingsdüfte. »Frühling lässt sein blaues Band wieder flattern durch die Lüfte; süße, wohlbekannte Düfte streifen ahnungsvoll das Land«, reimte Dichter Eduard Mörike treffend. Er fasste in Worte, was für die meisten Menschen zu den betörendsten Eigenschaften des Frühlings gehört: Duft. Schon seit der Antike versuchen Parfümeure ihn in edelsten Essenzen einzufangen. Das zarte Grün hat einen ganz eigenen, frischen Pflanzenduft und die Frühlingsblumen verströmen feine, ja verführerische Aromen. Zarte Blüten und ihr Duft versetzen unsere Sinne in gute Laune und lassen die berühmten »Frühlingsgefühle« per Geruchssinn erblühen.

Das Auge genießt mit

Die bunten und heiteren Farben der Frühlingsblumen lassen unser Herz höherschlagen und ihr Duft löst ganz besondere Empfindungen aus. Da in unserem Gehirn die Bereiche für Geruch und für Gefühle nahe zusammenliegen, sind diese eng miteinander verknüpft. Oft können Düfte Erinnerungen wachrufen, Blumenduft im Frühling meist sehr schöne und angenehme.

Dieses prachtvolle Beet am Gehölzrand lässt nicht nur unsere Augen leuchten, sein Duft ist köstlich und dabei sehr kostengünstig zu haben. Kaufen Sie bunte Samentütchen der beiden Zweijährigen Goldlack (*Erysimum cheiri*) und Silberling (*Lunaria annua*) und säen Sie diese im April in den Frühbeetkasten oder Mitte Juni bis Mitte Juli arbeitssparend gleich ins Freiland aus. Die kleinen Pflänzchen dann Anfang September an ihren endgültigen Platz auspflanzen oder vor Ort auf einen Abstand von zehn Zentimetern pikieren. Die Jungpflanzen sind im ersten Jahr unkrautfrei zu halten und regelmäßig zu wässern. Im April/Mai des folgenden Jahres blühen die Duftwunder dann auf, ihre Samen kann man wieder gezielt nutzen oder man überlässt die Duftwiese der Selbstaussaat beider Duftpflanzen.

Die duftige, lila Wolke bilden Silberlinge. Der Name »Silberblatt«, auch »Judas-Silberling« genannt, rührt von den silbrigen Scheidewänden, die nach der Blüte die Samen umhüllen und eine lang anhaltende Zierde sind. Die stattliche Pflanze erreicht gerne einen Meter Höhe und ihre hellpurpurfarbenen Blüten stehen in langen Trauben. Der Duft dieser anspruchslosen Frühlingsblume ist köstlich und auch Bienen können ihm nicht widerstehen. Eine wahre Duftkönigin ist die nahe Verwandte Mondviole (*Lunaria rediviva*), deren starkes Parfum betörend blumig ist und im Mai/Juni die Nächte mit verführerischem Odeur schwängert. Sie wird auch »Ausdauerndes Silberblatt« genannt wegen ihrer Langlebigkeit. Die Bezeichnung »Silber« geht hier auf ihre pergamentartigen Fruchtschoten zurück, die sich aus den hellvioletten Blüten entwickeln.

Tanz unter dem Maibaum

Die bunten Goldlack-Mädchen (*Erysimum cheiri*, früher *Cheiranthus cheiri*) werden bis 60 Zentimeter hoch und tummeln sich wie die Kinder von Bullerbü im ländlichen Idyll. Die verspielten Farben der Zweijährigen-Prachtmischung changieren in vielen Rot-, Orange- und Gelbtönen. Es gibt auch halbgefüllte und gefüllte Blüten. Die lustige Schar entsteht durch Selbstaussaat jedes Jahr aufs Neue und ist immer voller Temperament. Goldlack hat einen intensiv süßen Duft, der an Veilchen und Honig erinnert und sich zusammen mit dem Wohlgeruch der Silberlinge zu einem rauschenden Parfümfest der Natur vermischt: ein wahrhaft sinnliches Frühlingsnachtfest.

Möchten Sie einen richtigen Duftrausch? Da lässt sich leicht mit weiteren stark duftenden Pflanzen nachhelfen. Einen sehr intensiven Frühlingsduft verströmen Hyazinthen, die wie bunte Ostereier temperamentvoll fast überall einen Platz im Beet finden. Erfreulich ist ihre Eigenschaft, viele Jahre treu immer wieder zu erscheinen.

Ein wahres Duftwunder ist der rötliche Seidelbast (*Daphne mezereum* 'Rubra'), der als Kleinstrauch farblich in die Blumenwiese passen würde. Allerdings Vorsicht: stark giftig! Bereits im Februar bis Anfang April verbreitet Seidelbast seinen aromatischen, betörenden Duft im Garten. Er zaubert wahre Duftwolken, die geradezu wie ein Aphrodisiakum wirken: Frühlingsgefühle herzlich willkommen!

Die ausgelassene Blumenwiese mit den verschiedenen Düften von lila Silberlingen und kunterbuntem Goldlack ist ein wahrer Frühlingsrausch für Auge und Nase. Beide Blumen sind vergnügte Zweijährige, die sich kostengünstig aus Samen ziehen lassen. In den Folgejahren übernehmen sie die Sache selbst und versäen sich nach Lust und Laune von ganz alleine.

Führungsrolle im Blütenorchester

Tulpen sind unwiderstehliche Juwelen und spielen gerne selbstbewusst die erste Geige im Frühlingskonzert. In einem Orchester wie auch im Leben gibt es kraftvolle Führungskräfte und die breite Masse, die sich zurückhaltend einfügt. In beiden munteren Frühlingsbeeten sind die langstieligen Tulpen tonangebend, allein schon durch die erhöhte Position ihrer Blüten. Dennoch herrscht eitle Harmonie, denn Stiefmütterchen und Euphorbien halten die Balance durch ihre große Zahl nach dem Motto »Gemeinsam sind wir stark«. So ist das Gleichgewicht im Beet hergestellt, schließlich ist die erste Geige keine Solistin, sondern nur federführend.

Frei komponierte Frühlingsfuge

Auf nackter Erde stehende Tulpen nennt man in England »Friedhofsambiente«. Niemals sollten die schlanken Tulpen über kahlem Frühlingsboden zu sehen sein. Entweder werden sie in die bestehende Rabatte eingebunden oder sie schweben über einem Blütenteppich als Grundierung wie in diesen beiden Beeten. Nicht immer hat man im Herbst zur Steckzeit eine zündende Idee oder eine genaue

Vorstellung, wie das Frühlingsbeet aussehen sollte. Oder man hatte schlicht keine Zeit und Muße ein ausgefeiltes Beet-Arrangement zu komponieren. Die geliebten Tulpenzwiebeln sind aber schon erworben und werden zur richtigen Pflanzzeit nach Lust und Laune in schwungvollen Drifts und/oder dicken Tuffs in das leere Beet versenkt.

Klopft der Frühling dann an die Tür, findet sich in jedem Gartencenter eine Farb-Armada von Stiefmütterchen (*Viola*-Wittrockiana-Gruppe) in den kühnsten Farben. Viele, viele *Violas* schön dicht um die sprießenden Tulpen pflanzen, ein paar maigrüne Wolfsmilch-Tuffs dazu und fertig ist die Eigenkomposition: ein dauerhafter und hinreißender Frühlingsstrauß von erfrischender Wirkung.

Links: Rosa *Tulipa* und *Viola* klingen in feiner Harmonie zusammen. Das Gelbgrün der Wolfsmilch setzt heitere Kontrapunkte und verhindert Farbmonotonie.
Rechts: Die Tulpe 'Queen of Night' erhebt sich einer Operndiva gleich über ihr Fußvolk: zauberflötenhaft.

Klotzen statt kleckern

Das nenne ich Temperament im Beet! Schön ist, was gefällt, und zu viel Farbe gibt es nicht für einen ordentlichen Frühlingsrausch. Hier wurde gepflanzt, als gäbe es kein morgen, sondern nur bunte Blumen-Euphorie im Hier und Jetzt.

Erfahrene und gewiefte Gärtnerinnen und Gärtner haben es gleich erkannt: Dies kann nur *Chelsea Flower Show* sein. Richtig geraten. Dort vorgestellte, manchmal verrückte Gartenideen dienen der Inspiration von Gärtnern weltweit. Da kopiert man nicht die ganze Installation, sondern pickt sich heraus, woran man Spaß hat. Go for it!

Links: Hier rauscht der Frühling mit Donnerhall ins Beet! Vor der roten »Lein«-Wand lässt es sich mit jeder Farbe malen und ein impressionistisches Gemälde für Ihr Beet kreieren. Austausch der Pflanzen gegen Eigenvorlieben sind ausdrücklich erwünscht.
Rechts: Die dunkelblaueste aller Katzenminzen, *Nepeta* × *faassenii* 'Walkers Low', bietet schon im Juni einen herrlichen Hintergrund für die extravagante Bart-Iris 'Supreme Sultan' mit ihrem kostbaren braun-goldenen Turban.

Mut zur Farbe

Allein die rote Wand im Hintergrund (linkes Bild) ist ein Knaller. Mutige streichen z. B. ihre langweilige Garagenwand in ihrer Lieblingsfarbe. Ein stürmisches Lila wirkt Wunder für das Beet. Ein intensives Hellblau holt den Himmel in die Pflanzung und das kraftvolle Orange bringt die Sonne herein. Vor einer solchen Power-Wand kann man nach Herzenslust mit Blütenfarben malen. Und wenn man der Farbe überdrüssig ist, wird die Wand in einer neuen Farbe gestrichen.

Sicher erkennen Sie im Beet bereits vorgestellte Farblieblinge: lila *Allium*-Kugeln, gelbgrüne Euphorbien und vor der roten Wand stahlblaue Iris. Dieses Farb-Spektakel lässt sich auch gut mit weniger exotischen Pflanzen gestalten. Den Part der roten Amaryllis können prima die roten Darwin-Tulpen 'Apeldoorn' übernehmen. Das kräftige Orange wird durch Goldlack ersetzt (siehe Seite 13). Das durchscheinende Blau der Kübelpflanze Kaplilie (*Agapanthus*) wird ausgetauscht durch himmelblaue Bart-Iris, etwa 'Codicil' oder 'Charisma'. Apropos Kübelpflanze. Für einen besonderen Auftritt kann man im Beet mit dazwischen gestellten Blühern in Töpfen ruhig ein wenig mogeln: kleiner Eingriff – große Wirkung.

Ab in die Verlängerung

Die Schaupflanzung im Bild rechts macht Lust auf ungewöhnliche Zusammenstellungen, die nahtlos den Spätfrühling in den Sommer begleiten. Die prachtvoll zweifarbigen Blüten der *Iris*-Germanica-Hybride 'Supreme Sultan' wurden vor der effektvoll blauen Blüten-Leinwand der Katzenminzen (*Nepeta* × *faassenii*) 'Walker's Low' (60 cm) besonders gut in Szene gesetzt.

Mohnsüchtig – magische Macht

Roter Mohn ist eine dieser Pflanzen, die nicht nur Gärtnerherzen zum Hüpfen bringen. Ein Feld mit knallrotem Klatschmohn (Papaver rhoeas), ein Schutthaufen an einer Autobahn-Baustelle übersät mit roten Mohntupfen oder im Garten riesige rote Mohnblüten: Sie alle wecken eine unergründliche Sehnsucht und Freude in uns. Schnell wird die Kamera oder das Handy gezückt, um diesen magischen Moment einzufangen.

Mohn scheint auch ein Lieblingsmotiv für Aquarellmaler zu sein. Warum? Darüber lässt sich philosophieren. Vielleicht ist ein Grund die Tatsache, dass Mohn gleichzeitig Knospen, Blüten und reife Kapseln trägt und damit Zukunft, Gegenwart und Vergangenheit im gleichen Augenblick zusammenfließen lässt. Mythen von Fruchtbarkeit und Vergänglichkeit, Tod und Wiedergeburt, Liebe und Leidenschaft ranken sich um die zarten und hinreißenden Blumen. Vielleicht ist es die rote Farbe. Mit ihr werden der Überlebenssaft Blut und das rote Herz, Motor unseres Lebens, assoziiert. Vielleicht ist es einfach pure Magie, losgelöst von klugen Erklärungen. Irgendwie scheinen wir alle unsere eigene Mohn-Sehnsucht in uns zu tragen.

Liebeserklärung an die Mohnblüte

Mohnblüten sind fein, transparent und zart geknittert wie Seidenpapier und der Betrachter empfindet bei ihrem Anblick: Leichtigkeit und Frühling. Mohnblüten, aus der Nähe betrachtet, ziehen uns in ihren Bann, angefangen von ihrer Geburt aus der haarigen, grünen Knospenschale über die schmetterlingshafte Entfaltung ihrer Blütenflügel bis zur straffen silbrig bläulichen Mohnkapsel. Gerne möchte man sich dieses Wunder der Natur genau ansehen, deshalb sollte man zumindest einige Mohnpflanzen in Sichtweite an einem Sitzplatz pflanzen.

Für temperamentvolle Beete nutzen wir vom Türkischen Mohn (Papaver orientale) nur die Sorten mit knallroten Blüten. Zwar gibt es diesen Mohn auch in zarten Pastelltönen, aber die überlassen wir eleganten Beeten. Dicke, rote Mohnblüten wirken wie Pinselkleckse eines Künstlers in den Garten gemalt und bringen elektrisierende Energie in bunte wie in ruhige Beete. Die kurze Lebensdauer einer Mohnblüte macht sie zu einer flüchtigen Fee, ja zu einer roten Sternschnuppe, die, einmal gesehen, sich in die Erinnerung einbrennt.

Der Gärtner muss vorsorgen und zum Staudenmohn Partner gesellen, die sich freundlich über die welken Blätter lehnen, wenn diese nach der Blüte einziehen. Sonst entstehen leicht Lücken im Beet. Lila Lavendel ist ein starker Partner nicht nur wegen seiner kraftvollen Farbe, sondern weil er sich im Sommer ausdehnt und seine Silberarme schützend über die

Der Türkenmohn 'Aladin' (80 cm) leuchtet wie eine märchenhafte Lampe weit in die Ferne, genau wie die lila Bälle von Allium aflatunense 'Purple Sensation'. Beide Partner bringen in Form und Farbe starke, prickelnde Spannung ins Beet.

Mohnrosette legt. Viele Stauden, deren Blattwerk sich erst im Sommer richtig entfaltet, sind gute Nachbarn, denn der Mohn möchte seinen Stammplatz in Ruhe genießen, um in der kommenden Saison das Frühlingsbeet erneut anzufeuern. Er mag auch nicht gerne umgepflanzt werden, daher am besten gleich eine endgültige Position für ihn auswählen.

Der Lavendel sollte zweimal im Jahr beschnitten werden, damit er kompakt bleibt und nicht von unten her verkahlt. Nach der Blüte stutzt man alle Triebe um etwa ein Drittel ein. Damit werden auch die verwelkten Blütenstände entfernt. Im Frühjahr vor dem Austrieb reduziert man die Triebe dann um zwei Drittel. Statt Lavendel könnte auch das sehr problemlose Gefüllte Schleierkraut *(Gypsophila paniculata)* 'Bristol Fairy' (90 cm) einen schönen, grünen Frühlingsmantel zum knallroten Mohn anbieten. Ab Juli versteckt das Schleierkraut mit seinen schneeweißen Blütenwolken dann den verblühten Mohn.

Ein richtiger Mohnrausch hebt die Stimmung! Temperament wird hier nicht nur durch die Signalfarbe Rot erlebt, sondern auch durch die schiere Masse des Türkenmohns. Sie bringt loderndes Feuer ins Beet.

Wenn Blüten grünen

Temperamentvolle Blüten brauchen eine Bühne, um ihr großes Theater aufzuführen. Im Beet sind es Wolfsmilchgewächse (*Euphorbia*), aus denen der grüne Vorhang gewebt wird. Sie gestalten mit ihren maigrünen Blüten, ihren interessanten Blattfarben und -formen sowie ihrer ornamentalen Figur herrliche Bühnenbilder für

bunte Akteure. Für manchen könnten temperamentvolle Beete in ihrer lustigen Buntheit vielleicht etwas kribbelig und aufgeregt wirken. Viel frisches Grün dazwischen wirkt Wunder und schenkt einer »wilden« Pflanzenkombination die nötige Portion Beruhigung, um ein prachtvolles Beetbild zu erzielen.

Grün ist die Hoffnung

Je nach Größe einer Beet-Bühne bietet die große Familie der Garten-Eurphorbien verschiedene fleißige »Kulissenschieber« an. Für den großen Saal ist die imposante *Euphorbia characias* subsp. *wulfenii* die richtige Wahl (Foto links). Wie bereits auf Seite 14 ausgeführt, steht die wintergrüne Palisaden-Wolfsmilch ihren Mann mit einer Höhe von 80 Zentimetern und einer ausladenden Breite von bis zu 130 Zentimetern. Sie baut Räume auf, in denen sich Temperamentsblumen großzügig entfalten können.

Es beginnt mit dem Tanz der Tulpen, danach betreten bunte Stauden oder Einjährige die grüne Bühne, die Hoffnungsträger eines tollen Schauspiels für alle Ensemble-Mitglieder sind. Diese Mitspieler sollten es allerdings ebenfalls lieben, im Rampenlicht der Sonne zu stehen, wie z.B. im Mai die intensiv rosafarbene, riesenblütige Tulpe 'Pink Impression' (60 cm). Diese Darwin-Hybride gibt es seit 25 Jahren. Nicht nur wegen ihrer Schönheit ist sie besonders empfehlens-

Palisaden-Wolfsmilch bildet ein große, limonengrüne Blütenkulisse für den Auftritt des Stars: die Tulpe 'Pink Impression'.

wert. Sie ist eine robuste, fast unverwüstliche Sorte, die viele Jahre immer wieder herrlich blüht.

Grüße aus der Steppe

Besonders attraktiv ist die Steppen-Wolfsmilch (*Euphorbia seguieriana* subsp. *niciciana*). Viele unverzweigte Triebe bilden einen 40 bis 50 Zentimeter hohen, kompakten Busch, dessen Erscheinungsbild an einen Blumenstrauß erinnert. Im Beetbeispiel rechts nimmt er fast halbkugelige Form an. Die schmalen Blätter sind apart grüngrau und die gelbgrünen Blüten öffnen sich zu breiten Schirmen am Ende langer Stiele. Wenn fast alle anderen Euphorbien bereits verblüht sind, zeigt die Steppen-Wolfsmilch noch für viele Monate ihre limonengrüne Farbe und trägt Frühlingsgefühle bis in den Herbst hinein.

Als Wolfsmilch, die in den Steppen Ost-Europas und West-Asiens zu Hause ist, ist sie eine sehr trockenheitsverträgliche Staude, die einen vollsonnigen Standort mit durchlässigem, gerne kiesigem Boden schätzt. Damit ist sie eine ideale Besetzung für die beliebten Kiesbeete.

Star im Kiesbeet

Beth Chatto, die große englische Gartenlady, gilt als Erfinderin dieser Art der wassersparenden Bepflanzungen. Sie machte aus der Not eines trockenen Parkplatzes eine Tugend und verwandelte diese Fläche durch innovative Bepflanzung in ein Beet, das nicht einmal an heißen Sommertagen gewässert wird. Die kenntnisreiche Garten-Grande-Dame liebt die Steppen-Wolfsmilch sehr wegen ihrer robusten Art bei gleichzeitiger Schönheit. Geben Sie der Pflanze Raum und Zeit und sie wird ein langlebiger und äußerst attraktiver Blickfang sein. Ein Kiesbeet ist auch immer auf Nachhaltigkeit ausgelegt. Das heißt, man wählt langlebige wie pflegeleichte Stauden, die über viele Jahre Freude machen.

Ein blauer Schatz ist die Katzenminze, die immer gerne in der Sonne liegt. Niedrige Sorten sind Formen von *Nepeta* × *faassenii* mit 30 Zentimetern, aber auch *N. racemosa* 'Blauknirps' mit 20 Zentimetern Höhe fügt sich gut ein. Diese Sorte wird im Handel immer noch häufig als *N.* × *faassenii* 'Blauknirps' bezeichnet. Alle Katzenminzen freunden sich ideal mit der Steppen-Wolfsmilch an, weil sie sehr ähnliche Standortansprüche haben und ihre beiden intensiven Farben sich herrlich ergänzen.

Steppen-Wolfsmilch leuchtet schwefelgelb von Frühling bis September und ist hier im Kiesbeet ein guter Begleiter der Katzenminze.

Auf zur Ball-Saison

Da rollt Temperament wie von selbst ins Beet! Die lilafarbenen Blütenbälle des Zier-Lauchs *(Allium)* sind »Eintänzer« für fast alle Beete, weil sie mit jedem »Parkett«, sprich Boden, zurechtkommen. Ihre perfekten Blütenkugeln schweben scheinbar schwerelos auf ihren fast unsichtbaren Stielen und dies am liebsten in der Sonne. Die herrlichen Farbtöne im violetten Spektrum sind ein wahres »Passepartout«, das mit allen Blütenfarben im Takt tanzen kann. Nach dem Verblühen entwickelt sich das Blütenlila in ein goldgelbes bis champagnerfarbenes Tanzkleid, das als strahlenförmiges Schmuckstück sich lange im Beet tummeln darf.

Alles Walzer!

Aufgereiht wie zur großen Polonaise stehen im Pflanzbeispiel unten die dicken Kugeln von *Allium* 'Round and Purple' in einer Reihe und man hat das Gefühl: gleich geht's los. Die duftige Partnerin ist die hell lilafarbene Glockenblume, die sich feminin an ihren stattlichen Tanzpartner anzuschmiegen scheint. Auch dies bringt Temperament: klar definierte Formen wie *Allium*-Bälle und zarte Blütenwolken im spannungsvollen Zusammenspiel. Da können im Hintergrund gerne die steif aufrechten, blauen Wiesen-Iris *(Iris sibirica)* wie interessierte Zuschauer applaudieren. Sie überragen auf schlanken, 90 Zentimeter hohen Stielen die Szene.

Allium, in Reihen oder Drifts gepflanzt, geben im Frühlingsbeet den Takt an und schenken einem Border Dramatik und Ruhe zugleich. Etwas langweilige Beete erhalten durch *Allium*-Perlenketten den richtigen Schwung. Während aufgeregte Arrangements durch die klare *Allium*-Form, die wie ein Taktstock Ton und Rhythmus angibt, angenehm beruhigt werden. Die natürliche Formalität der lila Bälle, kombiniert mit einer eher strengen Pflanzung, übernimmt den ordnenden Faktor im Beet, ohne das Temperament zu bremsen. Der Blick rollt von Blütenball zu Blütenball und wird wie verzaubert durch das Beet geführt. Wenn die *Allium*-Kugel-Linien sich dann noch fesch winden, spürt man förmlich den mitreißenden Walzerschwung.

Man kann im Herbst ohne genaue Planung viele *Allium*-Zwiebeln pro Beet ver-

Geschwungene Reihen von *Allium* 'Round and Purple' bringen Walzerschwung ins Beet.

teilen, wo gerade Platz ist. Im Frühling schieben sich die lila Raketen durch alles hindurch, öffnen ihre Farbkugeln und legen ein lustiges und durchsichtiges Tupfen-Tuch über das Beet. Bei Wind kommt dann dynamische Bewegung ins Spiel, als ob ein Seidenschal über allen Pflanzen flattern würde. Praktisch gesehen ist das »Verstecken« der Zwiebeln sehr geschickt. Die Blätter vergilben nämlich sehr schnell und werden dann unansehnlich. Gut belaubte Nachbarpflanzen verstecken hübsch die *Allium*-Füße.

Mann, sind die dick, Mann!

Riesen-Lauch ist der Champion im Beet. Platz 3: die *Allium*-Hybride 'Ambassador' (130 cm), Platz 2: *Allium giganteum* (150 cm) und der Gewinner: die Hybride 'Globemaster'. Sie ist zwar nur 80 bis 100 Zentimeter hoch, aber sie hat die dicksten Blütenkugeln und ist für mich die beste Sorte unter den *Allium*-Riesen. Zu ihren weiteren Vorzügen gehört Standfestigkeit und das späte Vergilben des Laubes. Die prachtvolle Masse der lila Bälle liefert sich im Beetbeispiel rechts ein Kopf an Kopf Rennen mit dicken Pfingstrosenblüten in rosa und kirschrot, die im Hintergrund an den Start gegangen sind.

Die dicken Zwiebeln sind in der Anschaffung zwar etwas teuer, aber so wertvoll,

dass sich jede Investition in diese Prachtkerle lohnt. Außerdem kommt 'Globemaster' viele Jahre treu wieder, bildet allerdings Tochterzwiebeln. So erscheinen in den Folgejahren erst zwei und dann mehrere kleinere Blüten. Doch die riesige Masse der lila Kugeln ergibt einen ähnlichen Farbrausch wie die Riesenblüten des ersten Jahres. Man kann die Tochterzwiebeln abnehmen und an einen neuen Standort setzten. Selbst wenn man ordentlich düngt – am besten mit einem Präparat vom Typ Tomaten-Dünger bei Erscheinen der Knospen – wird die anfängliche Blütengröße nicht mehr erreicht. Es empfiehlt sich alle fünf bis sechs Jahre neue Zwiebeln zu kaufen.

'Globemaster' ist in kleinen Mengen ein Weltmeister im Beet, weil seine Blüten-Kugeln so perfekt ballrund sind und von so tollem Lila. Ein Riesenspaß ist natürlich eine Massenpflanzung mit einem Meer von Lila-Laune-Bällen, die eine Woge des Temperaments in eine Beetecke rollen. Manchmal ist mehr einfach mehr.

Mehr ist einfach mehr! Auch dicke Bälle, wie die von *Allium* 'Globemaster' dürfen ihre Dickköpfe durchsetzen und als Masse ein Kugelmeer bilden. Runde Pfingstrosenblüten halten da gerne im Hintergrund mit.

Filigran oder formal

Tulpen sind die temperamentvollen Frühlingsstars schlechthin. Wie auf dünnen Zepterstielen schweben die rassigen Blüten-Königinnen in mutigen bis extravaganten Farben in und vor allem über den Beeten. Edel und stark setzen sie heiter bunte bis knallig furiose Farbpunkte, die zu hinreißenden, unvergesslichen

Momentaufnahmen werden. Der Frühling erhält durch Tulpen als intensive Farbträger eine malerische Atmosphäre, man fühlt sich an die Werke des Impressionisten Monet erinnert.

Entfernt sich das Auge des Betrachters, so scheint sich das dynamische Farbspiel

Die gute, alte, Darwin-Tulpe 'Apeldoorn' steht brav in Reih und Glied und wird aufgeschäumt von den Halmen des Engelshaares.

noch zu steigern und es wird zum lebendigen Kunstwerk. Möchten Sie einen lustvollen Farbrausch im Frühling? Dann stecken Sie im Herbst die Hoffnung in Form von zahllosen Tulpenzwiebeln ins Beet: Sie gedeihen überall, außer im tiefsten Schatten. Dann können Sie einen Triumphzug von knackig knalligen Blütenpokalen erwarten und Ihr herbstlicher Mut – noch besser Tulpenwahn – wird mit einem rauschenden Farbfestival belohnt, das Ihre Lebensgeister auf Hochtouren bringt.

Rote Raffinesse

Aber nicht immer ist es die schiere Masse an Tulpenzwiebeln, die eine Frühlings-Euphorie auslöst. Experimentierfreudige Gärtner/innen wagen mondäne Positionen für ihre roten Tulpenköpfe. Rot hat als Signalfarbe die Kraft, sein Umfeld in einen neuen, vitalen Kontext zu setzen.

Eine treue Freundin, die gute alte Darwin-Tulpe 'Apeldoorn', wird im Beispiel links von einem Schleier aus blonden Gras-Haaren filigran eingerahmt. Die sprudeln-

den Fontänen des zu Deutsch so treffend »Engelshaar« (Stipa tenuissima = Nasella tenuissima) genannten Grases gleichen wogenden Wolken und im hellen Frühlingslicht scheinen sie wie Seidenhaar. Die straffe Doppelreihe von statischen, kräftig roten Tulpenköpfen und dieses feine Grashaar-Gespinst verkörpern Gegensätze, die sich magisch anziehen, und leben daher in vollendeter Harmonie: ein Bild von Kraft und Leichtigkeit, von Ruhe und Beweglichkeit. Das filigrane, zarte Gras-Geschöpf braucht einen sonnigen Standort, trockenen Boden und im Winter einen wärmenden Mantel aus Laub und Tannenreisig.

Seid umschlungen Millionen!

Fulminant wie Schillers Ode »An die Freude« ist das opulente Frühlingsbeet (Foto rechts) angelegt, aber die Buchsbaumhecke hält die vielen Tulpen fest in ihren starken, maigrünen Armen. Das pralle Beet berührt uns wie ein Paukenschlag aus Beethovens Neunter. Einheit und farbliche Vielfalt sind das Geheimnis: molto vivace im Tulpenbeet.

Wer mischt mit bei diesem herrlichen Drama? Die zweifarbige Rembrandt-Tulpe 'Abu Hassan' trägt am oberen Rand ihrer burgunderroten Kelche einen leuchtenden goldenen Ring. Die sehr ausdrucksvolle, kostbar wirkende Tulpe gleicht einem Märchenprinzen aus dem Morgenland und bringt auch in kleiner Zahl großes Theater ins Beet. Die purpurviolette Triumph-Tulpe 'Negrita' kommt der lang ersehnten »blauen« Tulpe schon sehr nahe. Triumph-Tulpen beeindrucken durch ihre langen, kräftigen Stiele und ihre großen Blüten mit schönem Farbspiel. 'Negrita' ist zwar nicht schwarz wie ihr Name verheißt, aber durchaus von südamerikanischem Temperament. Die hellrosafarbene, Lilienblütige Tulpe 'Mariette' ist ein Klassiker, der nie seine elegante Wirkung verfehlt und diesem Beet einen Hauch von Noblesse schenkt, ja subtile Erotik. Was für ein imposantes Ensemble! Wenn dann noch ein paar orangefarbene 'Ballerinas' im Vordergrund tingeln, ist der Tulpenrausch ein Augenschmaus!

Ein Tipp für die Sommerbepflanzung. Die bunten Sommerblumen nicht zu dicht an die kleine Buchs-Hecke setzen, damit diese luftig steht und nach einem Regen schnell wieder abtrocknen kann. Sonst droht eine Infektion mit dem bedrohlichen Buchsbaumpilz.

Eine farbgeniale Mischung aus späten Tulpen tanzt großes Theater im schlichten Buchsbaum-Rahmen.

Lupinus 'Masterpiece' ist wie ihre Verwandten eine Primadonna mit großer, jedoch nicht langlebiger Schau. Aber was soll's – viele schöne Lupinen-Töchter hat das Land.

Frühlingstraum auf kleinem Raum

Kostbare Perserteppiche sind klassisches wie zeitloses Kunsthandwerk und ein Beet in den reichen Farben des Orients ein Dauerbrenner.

Dauerhafte Begleiter

Die hinreißenden Stauden in diesem Spätfrühlingsbeet (Foto links) stehen für treue Beständigkeit, etwa der dunkelblaue Sommersalbei *(Salvia nemorosa)* 'Viola Klose' mit seinen 30 bis 40 Zentimetern Höhe. In lockeren Drifts eingestreut, holt er ein sattes Abendhimmelblau ins Beet, das die Mitspieler erst richtig zum Leuchten bringt. Ein Rückschnitt knapp über dem Boden nach der ersten Blühphase bewirkt meist eine schöne Nachblüte im Herbst. *Salvia*-Sorten, in unterschiedlicher Höhe und Farbintensität, gehören zu den beliebtesten Gartenstauden und sind unermüdliche Dauerblüher, die einen sonnigen Standort schätzen.

Die faszinierende Bart-Iris *(Iris*-Germanica-Gruppe) 'Langport Wren' ist dagegen eine ausgefallene Spezialität von 40 bis 60 Zentimeter Höhe in der Garten-Modefarbe Rotschwarz, die im Sonnenlicht sich in einen schillernden Rubin verwandelt: très chic. Ihre aparten, kunstvollen Blüten wirken zusammen mit ihren silbrigen Schwertblättern wie kostbares Geschmeide. Die *Iris*-Blüte ist immer ein kurzer Rausch, aber ein heftiger und unvergesslicher. Diesem fast erotischen Erlebnis sehnt man sich gerne lange entgegen und genießt es dann umso mehr und in vollen Zügen.

Schicke Farben für die City

Nicht nur große Beete wecken große Gefühle. Im Spätfrühling lädt dieses kleine Beet (Foto rechts) in einem sonnigen Innenhof ein, die frische Luft draußen zu genießen. Ein Ganzjahres-Blickfang ist die Kupfer-Felsenbirne *(Amelanchier lamarckii)*, deren Stammäste zu sehen sind, und ich möchte gerne ihre stadtrelevanten Vorzüge preisen. Der bildschöne Großstrauch blüht an seinen locker aufrechten Zweigen von April bis Mai mit kleinen Sternblüten-Trauben überreich:

eine weiße Traumwolke. Überraschend robust und stadtklimafest, ist er ein Schatz für kleine Gärten. Nach dem Blütenrausch erfreut der lichte Wuchs, und im Herbst schenkt die Kupfer-Felsenbirne mit feurig orangefarbenen Blättern einen Indian Summer in der Stadt. Zu Weihnachten mit Lichterketten geschmückt, schenkt der attraktive Strauch in der dunklen Jahreszeit hellen, festlichen Glanz.

Das kleine Staudenbeet mit seinen aparten wie intensiven Farben entrollt in jedem Jahr aufs Neue seinen prachtvollen Orientteppich-Look. Schön dicht gewebt, ergänzen sich Formen und Farben auf harmonische, muntere Art.

Die fackelartigen Blütenstände der Lupine (*Lupinus*-Hybride) 'Masterpiece' ragen 80 Zentimeter hoch auf und muten mit ihren dunkelvioletten Schiffchen sowie den orangefarbenen Fähnchen-Lippen an wie von Designerhand geschaffen: ein echtes Meisterstück. Die neusten Lupinen-Hybriden sind mit unglaublich temperamentvollen Farben gesegnet und ihre

Namen verheißen Feuer und Flamme: 'Tequila Flame' und 'Manhattan Lights' oder gar 'Towering Inferno'. Diese Prachtstauden sind mondäne Divas. Mit großem Auftritt rauschen sie ins Beet und verschwinden schnell wieder.

Im Leben wie im Garten gilt: »Bestand hat nur der Wandel.« Die Auswahl an verführerischen Lupinen-Schmuckstücken ist riesig. Wenn sich das »Meisterstück« verabschiedet hat, würde *Lupinus* 'Terracotta' mit fruchtigem Orange dem Beet ein

neues, frühlingsfrisches Gesicht geben. Der stolze Gockel 'Terracotta' würde heftig mit den niedlichen orangeroten Blüten der Nelkenwurz *(Geum chiloense)* 'Fire Opal' flirten, die sich zu Füßen der Felsenbirne tummeln.

Frühlingsfreude nah am Haus. Im kleinen Innenhofgärtchen entrollt sich um die Kupfer-Felsenbirne ein Beet in den kostbaren Farben des Orients.

Sommer

Farbfieber

Sommerliches Sonnenlicht füttert Pflanzen mit viel Energie und sie können eine überwältigende Farbenpracht entwickeln. Haben wir beherzt starke Farben zusammenkomponiert, dann blüht uns jetzt ein sensationell fulminantes Farbfeuerwerk.

Sommerliche Farbenfülle

Jetzt dürfen wir beobachten, wie farbliches Temperament in den Beeten noch mehr Fahrt aufnimmt. Die Farbfieberkurve steigt und steuert auf den Höhepunkt der jährlichen Gala hin. Unsere Gartenblumen geben jetzt alles und überraschen mit immer knalligeren Farben. Es liegt am Gärtner, sie zu spannungsvollen und farbgewaltigen Bildern zu arrangieren. Lassen Sie die Freuden des Sommers in Ihrem Beet Gestalt annehmen!

Sommerblumen sind die Glücklichsten der ganzen Gartensaison. Sie dürfen aus dem Vollen schöpfen. Die Tage sind lang, das Wachstum kräftig und es ist keine Kälte zu befürchten. An heißen Tagen geben wir ihnen rechtzeitig Wasser als Durstlöscher: Das Leben ist schön! Diese Pflanzen genießen die Leichtigkeit des Seins. Dafür belohnen sie uns mit einer Farbfülle, an die man sich noch im Winter gern erinnert und in Gedanken erwärmt. Eine Vielzahl an Stauden und einjährigen Sommerblühern steht nun zur Verfügung und eröffnet ungeahnte Möglichkeiten für mutige Kombinationen.

Sommerglück dem Mutigen

Wer rechtzeitig allen Gartenmut zusammengenommen hat und farbversprechende Pflanzen in kontrastreichen Kombinationen vereinte, der wird im Sommer reich belohnt. Die Natur wird mehr schenken, als wir es uns ausgemalt haben. Frisch empfängt uns die Farbsinfonie in den Morgenstunden, und am Abend glühen unsere Blüten mit der ganzen Leuchtkraft der Sonne. Der Anblick beglückt uns mit einem sommerlichen Dauerstimmungshoch.

Links: Die kornblumenähnliche Berg-Flockenblume (*Centaurea montana*) 'Purple Rose' streckt ihre fedrigen Blütenblättchen der Sonne entgegen und duftet dabei zart.
Rechts: Ein wahrer Purpur-Schauer ergießt sich mit dem Quirlblütigen Salbei (*Salvia verticilliata*) 'Purple Rain' ins Beet und die lustigen Blüten des Kalifornischen Mohns machen das farbenfrohe Gartenglück perfekt.

Ringelblume, *Calendula officinalis*

Wuchs: Höhe 30–45 cm. Aufrechter, buschiger Wuchs. Blätter spatelförmig und weich behaart, sitzen direkt und wechselständig am Stängel.

Blüte: Sehr lange Blütezeit von Juli bis zum Herbst. Margeritenähnliche, halbgefüllte, goldene bis orangefarbene Blüten.

Standort: Sonne oder Halbschatten. Gut dränierter, nährstoffreicher Boden.

Pflege: Die Einjährige Pflanze im April als Samen an Ort und Stelle aussähen. Entfernen von Verwelktem verlängert die Blütezeit, daher fleißig kleine Sträußchen pflücken.

Verwendung: Als Farbbringer und Lückenfüller bestens geeignet. Diese unkomplizierte Pflanze bringt die goldene Sonne ins Beet und streckt sich selbst gerne in die richtige Position. Ein echtes Landkind, mit dem man immer und überall viel Spaß haben kann. Ringelblumen, auch »Goldblumen« genannt, ziehen Schmetterlinge an und muntern das Beet auf diese Weise zusätzlich auf.

Varianten: 'Citrus Cocktail' (20 cm) ist reichblühend, in beeindruckender Kombination von lebhaften orangefarbenen und goldgelben Blüten. Eine herrlich kompakte Miniatur-Ringelblume. 'Porcupine' (35–40 cm) zeigt aufregend orangefarbene, stark gefüllte, minidahlienähnliche Blüten, deren quirlige Form einen wilden, prickelnden Eindruck macht. Sehr gut für alle Beete geeignet, die in Schwung kommen sollen. 'Oranja' (60 cm) und 'Candyman Orange' (35 cm) zeichnen sich durch dicht gefüllte, große Blüten in einem starken Orange aus. Sehr lange Blütezeit, für alle Beete geeignet. 'Neon' (60–70 cm) ist eine lebhafte Neuzüchtung und ein toller Blickmagnet. Die extrem dicht gefüllten Blüten glimmen in Feuerorange und ihre Größe sorgt für den richtigen Effekt auch in höheren Beeten.

Die gute alte Ringelblume hat farbliches Temperament, das sich leicht in sommerliche Spaßbeete einbringen lässt. An Ort und Stelle ausgesät, blüht sie unermüdlich: ein lustiges Bauernkind.

Montbretie, *Crocosomia* 'Lucifer'

Wuchs: Höhe 90–120 cm. Gruppenbildende Knollenpflanze mit aufrechten, mittelgrünen Blättern in Form schmaler Schwerter und gladiolenähnlichem Wuchs.

Blüte: Juli/August. Knallrote und auffällige, bogig überhängende, ausladende Blütenstände. Sie bestehen aus trichterförmigen Einzelblüten, die in zweireihiger Ährenform angeordnet sind.

Standort: Sonnig, warm und eher geschützt. Wichtig ist durchlässiger Boden, sonst besteht Fäulnisgefahr im Winter. Schwere Böden mit viel Sand mischen.

Pflege: Das Wichtigste ist, Schutz vor zu tiefen Temperaturen. Knollen 20 cm tief pflanzen. Bei zu großer Frostgefahr Knollen im Herbst herausholen und wie Dahlien behandeln. Ein guter Winterschutz ist ein großer Haufen Laub, den man im Wurzelbereich anhäuft und mit Fichtenreisig beschwert. Im März/April wieder entfernen und eine 3 cm dicke Schicht Kom-

post auftragen, aber nicht einarbeiten, weil dies die Knollen beschädigen würde.

Verwendung: Die teuflisch roten Blüten bringen höllische Hitze ins Beet. Größere Tuffs zwischen andere trockenheits- und wärmeliebende Stauden gepflanzt, erfreuen das Auge und der Schutz der

Begleiter tut der Montbretie gut. Starke und farbgewaltige Partner sind die lavendelblaue Sommeraster *(Aster amellus)* 'Rudolf Goethe' und die sonnige Gold-Garbe *(Achillea filipendulina)* 'Coronation Gold', sie bilden einen starken Kontrast. Auch die feuerrote bis rostbraune Gold-Garbe 'Feuerland' ergibt eine sehr heiße

Kombination, ebenso sorgt die tiefpurpurrote Edel-Garbe *(A. millefolium)* 'Velour' für eine glutheiße Mischung.

Varianten: *C. aurea* (100 cm), genannt »Fallender Stern«, gleicht einer feurigen Sternschnuppe mit orangefarbenem Schweif.

Die teuflisch schöne Montbretie 'Lucifer' bringt als großer Tuff Feuerglut und optische Sommerhitze ins Beet.

Rittersporn, *Delphinium*

Pacific-Hybriden wie 'Blue Jay' (180 cm) sind sehr eindrucksvolle Riesen mit enormen Blütenständen, allerdings nicht sehr langlebig.

Wuchs: 70–220 cm Höhe. Stattlicher, aufrechter Wuchs, die Blätter sind tief gezähnt und mehrlappig.

Blüte: Früh- bis Spätsommer. Der schönste Blau-Schatz für das temperamentvolle Beet. Um die langen Blütenstängel sitzen viele Einzelblüten herum, die eine eindrucksvolle, kerzenförmige Blütentraube bilden. Viele blaue Farbnuancen.

Standort: Sonniger Standort. Der Boden sollte ein humusreiches Lehm-Sand-Gemisch sein. Gerne schattig an den Füßen. Damit die Pflanzen sich üppig entwickeln können, Pflanzabstand einhalten. Ein guter Tipp: Rittersporn gedeiht besonders gut und kommt treu wieder, wenn er auf den im Mai schon erwärmten Boden direkt an Ort und Stelle ausgesät wird. Um auf Nummer sicher zu gehen, alle 2–3 Jahre nachsäen. Dabei den Standort wechseln, weil Rittersporn dem Boden viel abverlangt.

Pflege: Ein edler Ritter braucht intensive Pflege, um seine ganze Pracht zu entwickeln. Der größte Feind des Rittersporns sind Schnecken. Frühzeitig im Jahr Schneckenkorn breitwürfig ausstreuen, bis die Staude groß genug ist, um nicht mehr gefährdet zu sein. Rittersporne gut düngen und bei Hitze ausreichend wässern. Für einen zweiten Flor die Pflanze nach der Hauptblüte 20–30 cm über dem Boden zurückschneiden.

Verwendung: Die blauen, imposanten Blütenkerzen des Rittersporns sind immer ein spektakulärer Magnet für das Auge. Unverzichtbar als blauer Temperamentsbringer.

Varianten: Belladonna-Hybriden (80–120 cm): Drahtige Sprosse zeigen lockere, verzweigte Ähren. 'Atlantis' (80 cm) ist niedrig und tiefviolett mit guter Nachblüte. Elatum-Hybriden (150–200 cm): Populärste Rittersporn-Gruppe und damit Klassiker. Blüten sind am Grund der Ähre größer und formen einen pyramidalen Blütenstand. 'Royal Aspirations' (160 cm) prachtvoll mit gefüllten, stahlblauen Blüten. Pacific-Hybriden (180 cm): Riesen mit enormen Blüten, aber kurzlebig.

Bartnelke, *Dianthus barbatus*

Wuchs: Höhe 50–60 cm. Die Zweijäh-rigen haben einen buschigen Wuchs mit schmalen, hell- bis mittelgrünen, oft silb-rigen Blättern.

Blüte: Juni und Juli. Große Blütendolden, die sich aus vielen kleinen, ungefüllten, purpurroten, pinkfarbenen und weißen sowie schwarzroten Blüten zusammenset-zen. Leicht duftend.

Standort: Sonnig. Durchlässiger, nährstoff- und kalkhaltiger Boden. Sät sich an zusa-gendem Standort selbst aus und ist hier oftmals auch ausdauernd. Braucht aber in der Wachstumszeit genügend Wasser.

Pflege: Regelmäßige Düngung erhöht die Blühkraft, ansonsten pflegeleicht. Aussaat im Spätsommer für die Blüten im Folge-jahr. Herbstpflanzungen Winterschutz geben.

Verwendung: Die kraftstrotzenden, üppig blühenden Bartnelken sind robuste Son-nenkinder, die wie Spaßvögel in vielen Farben blühen. Hier wollen sie sich im Voraus nicht festlegen, sondern sind unbekümmerte Freigeister, die ihre inten-siven Farben mit Freude immer wieder neu erfinden und variieren. Lassen Sie sich überraschen! In Massen ist die typische Bauerngartenpflanze immer eine Wucht nach dem Motto: je mehr, desto besser. Viele Bartnelken bilden zusammen einen lustig bunten Flicken-teppich im Garten, der sich jedes Jahr anders entfaltet. Bartnelken sind in der Rabatte sehr gesellig und ob eingestreut oder als Großfamilie: Sie versprühen immer heiteres Sommerglück.

Varianten: 'Oeschberg' (50 cm) leuchtet knallig in Pink bis Purpur und ist ein ech-ter Ladykracher. 'Indianerteppich' (25 cm) ist eine niedrige Sorte mit niedlichen zweifarbigen Blüten. Passt gut in kleine Beete und bildet spaßige Einfassungen. 'Summer Sunday' (45–60 cm) entwickelt bunte Blüten, die mehrfarbig sind.

Ein großer Tuff oder gar ein ganzes Beet mit Bartnelken in kräftigen Farben weckt die Lebensgeister.

Kokardenblume, *Gaillardia*-Hybride 'Kobold'

Wuchs: Höhe 20–30 cm. Durch blattreiche, kompakte Buschform sehr standfest und horstbildend.

Blüte: Nomen est omen! 'Kobold' hat große, margeritenähnliche Körbchenblüten, die im Herzen feuerrot sind. Der ausgefranste Rand bildet einen gelben Strahlenkranz. Der Blütendurchmesser beträgt 4–6 cm. Blüht äußerst attraktiv von Juli bis in den Herbst und ist ein guter Nektarlieferant. Wegen ihrer lebhaften Blütenzeichnung werden Kokardenblumen auch Maler- oder Papageienblumen genannt.

Standort: Sonnig, auf frischem, nährstoffreichem, humosem Boden ohne Staunässe. Schweren Boden mit Sand vermischen. Kokardenblumen sind prima Lückenfüller, möchten aber nicht zu sehr von den Nachbarn bedrängt und schon gar nicht beschattet werden.

Pflege: Verwelktes regelmäßig entfernen. Ein starker Rückschnitt fördert die Bestockung und das Nachwachsen neuer Blüten. Regelmäßig, aber nicht zu viel gießen. In rauen Lagen Winterschutz mit Lagen von Reisig geben. Die Stauden können im Frühjahr durch Teilung vermehrt werden.

Ein Langzeitdünger im Frühling sorgt für reichen und langen Blütenflor. Als preiswerte Variante für die Bepflanzung von größeren Flächen bietet sich die Anzucht aus Samen an. Mit einem »grünen Daumen« gelingt dies leicht. Den Lichtkeimer ab April aussäen, leicht andrücken und in der Folgezeit feucht halten, bis die Sämlinge groß genug sind zum Auspflanzen.

Verwendung: Dieser Witzbold ist eine der lustigsten Stauden für temperamentvolle Beete. Magisch zieht dieser Blüten-Clown die Aufmerksamkeit auf sich und zaubert dem Betrachter ein Schmunzeln ins Gesicht. Als Komödiant sollte 'Kobold' immer vorne im Beet stehen, denn seine kleine Figur lässt ihn weiter hinten im Beet und in der Nähe von größeren Stauden schnell untergehen.

Kokardenblumen wirken schön in kleinen Gruppen direkt am Beetrand, denn dort hüpft das bunte Sonnenkind wie ein bunter Springball und kitzelt gute Laune aus den Betrachtern heraus. Kokardenblumen locken Bienen und Schmetterlinge an und sind hervorragende Kübelpflanzen.

Varianten: Die gelbe Kokardenblume 'Amber Wheels' (75 cm) hat für diese Art ungewöhnliche goldgelbe, gefranste Blütenblätter und eine hübsche bernsteinfarbene Mitte. Die ausdauernden gelben Rädchen erscheinen an der recht hohen Staude von Juli bis zum ersten Frost. 'Tokajer' (70 cm) hat mit großen, kräftig rotorangefarbenen Blüten eine gute Fernwirkung und kann auch aufgrund ihrer Größe einen Platz in der zweiten Reihe bekommen. Die Leuchtkraft ist enorm und wird durch die gelbliche Mitte verstärkt. 'Burgunder' (50 cm) ist eine weitere rotweinfarbene Kokardenblume mit tiefroten Blüten und einer sattroten Mitte. Mit ihrer Höhe hat sie einen recht kompakten Wuchs.

'Fanfare' (35 cm) fällt als neue, phantastische Kokardenblume mit besonders skurrilen Blüten auf. Die innen roten und außen gelben Blütenblätter sehen wie kleine Tüten aus, eben wie Fanfaren aufgerollt und posaunen gute Laune hinaus. Dazu ist 'Fanfare' winterhart und nicht sehr pflegebedürftig. Die Sorte macht ein tolles Bild im Kübel.

G. pulchella (60 cm) wird im Englischen auch mit Namen wie »Feuerrad«, »Indianerdecke« oder »Sonnentanz« belegt. Diese Namen passen alle prima, denn die Blüte hat rund um ihre dunkelrot-orangefarbene Mitte zunächst ein rotes bis leicht violettes Innenrad auf den Scheiben. Der äußere, schmalere Rand ist leuchtend gelb und verstärkt die Vorstellung eines Sonnenrades. Diese *Gaillardia* ist eher kurzlebig und sollte als Einjährige angesehen werden. Eine Sorte davon ist 'Sundance Bicolor'. Sie ist stark gefüllt. Ihre Anzucht lohnt sich unbedingt, weil sie ein echter Hingucker ist. Ihre zu Tütchen aufgedrehten Blütenblätter sind innen rot und außen intensiv gelb und ihr Gesamtausdruck ist besonders spritzig. Eine farbliche Steigerung ist die Sorte 'Razzle Dazzle' (50 cm), deren ähnlich spaßig gefüllte, oft zweifarbige Blüten in vielen Farben von Gelb, über Orange bis Rotweinrot daher kommen. Diese »heißen Feger« jagen in ihrem einjährigen Leben viel Temperament in die Beetfront.

Links oben: Der vielgeliebte 'Kobold' bleibt niedrig und hat gute Standfestigkeit.
Links unten: Die gefüllte Kokardenblume 'Razzle Dazzle' zeigt ein überwältigendes Temperament.
Rechts: *Gaillardia pulchella* 'Indian Carpet' wird zu Recht auch »Feuerrad« genannt.

Taglilie, *Hemerocallis*-Hybride 'Goolagong'

Wuchs: Höhe 70 cm. Krautige Staude mit langen, riemenförmigen, überhängenden, mittel bis dunkelgrünen Blättern.

Blüte: Juli/August. Riesige goldgelbe Blüte von guter Substanz mit gewelltem Rand. Jede Taglilienblüte hält nur einen Tag – daher der Name. Eine ausgewachsene Pflanze blüht gut 4 Wochen und hat pro Saison durchaus ein paar 100 Blüten.

Standort: Voll sonnig. Fruchtbarer, feuchter, gut dränierter Boden.

Pflege: Im Spätherbst mulchen. Im Frühling, bis sich die Knospen entwickeln, viel gießen, alle 2–3 Wochen flüssigen Volldünger geben. Alle 2–3 Jahre teilen, um die Wüchsigkeit zu erhalten. Das Entfernen von verwelkten Blüten erhöht die Blühwilligkeit enorm.

Verwendung: Prachtvolle, sonnige Sommerbeete brauchen Taglilien. Zum einen wegen ihrer kräftigen Farben sowie ihrer unermüdlichen Blüte und zum anderen wegen ihres attraktiven Habitus mit grasähnlichen Blätterbüscheln. Taglilien sind immer ein Blickfang und haben eine gute Fernwirkung. Ob als Einzelpflanze in eine farbenfrohe Rabatte eingebunden oder in einer Taglilien-Sammlung – die orchideenähnlichen Blüten sind ein Augenschmaus mit leicht exotischem Touch.

Varianten: Unendlich viele! 'Alan' (80–100 cm) trägt signalrote, große Blüten von Juni bis August mit einem leuchtend gelben Schlund sowie Mittelstreifen. Sie wird schon von Weitem gesehen und ist ein absoluter Klassiker. 'Chicago Apache' (80 cm) ist eine tief blutrote Indianer-Prinzessin mit Riesenblüten, der auch schlechtes Wetter nichts anhaben kann. Aus dem gelbgrünen Schlund strecken

sich rot-gelbe Staubfäden empor. Sie blüht spät (August bis September) und entzündet ein richtiges Spätsommerfeuer.

'Frans Hals' (80 cm) brilliert als temperamentvoller, zweifarbiger Hingucker von großer Präsenz. Die schönen Blüten aus goldenen und orangeroten Blättern mit gelben Mittelstreifen erscheinen reichlich und halten sich lange. 'Summer Wine' (60 cm) hat große Blüten im Juli, die funkeln wie ein sonnenbeschienenes Glas guten Rotweins. Die auffällig frech himbeerrote Farbenpracht zieht die Blicke magisch an.

'Elijah' (85 cm) hat durch ihr unglaublich lebhaftes Orangerot eine beeindruckende Fernwirkung. Sie ist gut verzweigt und reichblühend. 'Hot Town' (70 cm): Dies heiße Mädchen blüht überreich im August mit sehr großen orange bis kupferroten Riesenblüten. Hat mit dunkelrotem Auge und gelbem Schlund einen tollen Auftritt.

Hemerocallis 'Goolagong', wurde nach der australischen Tennisspielerin benannt. Ihre sonnengoldenen Blüten erwärmen jedes Beet und leuchten mit einem Gewinnerstrahlen.

Prachtscharte, *Liatris spicata*

Wuchs: Höhe bis 40–120 cm. Horstbildende, winterharte Prachtstaude mit Knollen sowie länglichen Rhizomen als Überdauerungsorgane. Die aufrechten Stängel sind unverzweigt. Die grasartigen Blätter sind lineal in grundständigen Büscheln und wechselständig an steifen Sprossen angeordnet.

Blüte: Von Juli bis September erscheinen 15–20 cm lange, dichte Ähren, bis zu 1 cm breit, von tiefvioletter bis purpurner Farbe. Diese kerzenartigen Gesamtblütenstände, die von unten nach oben erblühen, setzen sich aus vielen körbchenförmigen Einzelblüten zusammen. Die Ränder sind zum Teil bewimpert, was dem Blütenkolben einen weichen, flauschigen staubwedelähnlichen Ausdruck verleiht.

Standort: Volle Sonne auf trockenem bis frischem, locker humosem Boden. Kalkliebend, daher nicht im Bereich von Nadelgehölzen pflanzen, deren Nadeln den Boden versauern.

Pflege: Bei Trockenheit normal gießen, ausreichend feucht, aber nicht nass halten. Regelmäßig düngen und immer mulchen, dann kann man sich das Wässern sparen. Nach der Blüte handhoch zurückschneiden, spätestens jedoch im Februar. Teilen im Frühling bei Austriebsbeginn.

Verwendung: Die lange Blühdauer ist ein großes Plus und die senkrechten Blütenstände werden als farbenfrohes Strukturelement in Rabatten sehr geschätzt. Sie sind in größeren Tuffs besonders effektvoll und als Drifts ziehen sie ihre violetten Bänder ausdrucksvoll durchs Beet. Besonders temperamentvolle Partner sind Indianernesseln in starken Farben und muntere Mädchenaugen sowie strahlend pinkfarbene Sonnenhüte.

Varianten: 'Kobold' (40 cm) ist eine kleinere Variante mit der gleichen kräftig violetten Blütenfarbe. Sie ist ein schöner Blickfang in kleinen Tuffs im vorderen Beetbereich. Zusammen mit der großen Schwester in Staffelpflanzung eine wuchtiges Farberlebnis von Juli bis zum frühen Herbst.

Die Prachtscharte imponiert nicht nur durch ihre violetten, flauschigen Blütenkerzen, sondern macht auch durch die grasigen, aufrechten Laubbüschel eine tolle Figur im Beet.

Lilie, *Lilium*-Hybride 'Monte Negro'

Wuchs: Höhe 80 cm. Kräftige, aufrechte Stängel mit lanzettförmigen Blättern.

Blüte: Juli bis August. Die Lilienblüte ist Drama pur mit ihrer aufreizenden Farbe und der prickelnden Strahlenform.

Standort: Voll sonnig bis halbschattig, windgeschützter Platz, gerne zwischen anderen höheren Stauden. Lockerer und durchlässiger, gerne etwas sandiger Boden. Die Pflanztiefe der Zwiebeln liegt zwischen 15 und 20 cm. Oft ist der Topf der ideale Standort.

Pflege: Ideale Pflanzzeit ist von August bis Oktober (je früher, desto besser) oder im Frühjahr. Lilien sind winterhart, daher müssen sie im Herbst nicht aufgenommen werden. Die Pflanzen reichlich düngen. Ihr Erzfeind ist das Lilienhähnchen. Diese knallroten Käfer sind echte Plagegeister und ruinieren Lilien in kurzer Zeit. Ein kühlerer Standort hilft, den schätzen die Insekten nicht. Außerdem muss man sie bereits ab dem zeitigen Frühling absammeln.

Verwendung: 'Monte Negro' ist eine bildschöne, begehrenswerte Schauspielerin, die den großen Auftritt liebt. Die Lilie verwandelt jedes schlichte Beet in großes Theater. Sie spielt aristokratische wie bäuerliche Rollen mit gleicher Bravour, egal ob als Solistin oder im Ensemble. Ein guter Tipp: Lilien am geschützten, idealen Ort in Töpfen ziehen und zur Blüte mitsamt Topf im Beet versenken. Hier übernehmen sie gleich die Hauptrolle und werden nach ihrer Show wieder hinter den Kulissen gehütet.

Varianten: Viele! Orient-Lilie 'Black Beauty' (140 cm) gilt als legendärer Klassiker und ist immer prachtvoll. Ihre himbeer- bis dunkelroten Blüten – bis zu 20 Stück am stabilen Stiel – haben einen feinen Silberrand und die Blütenmitte trägt einen grünen Stern. Diese Naturschönheit ist eine tolle Erscheinung und unverwüstlich.

Die Asiatische Lilie 'Monte Negro' glänzt mit aufrechten Schalenblüten in aparter Sternform. Mit ihrer Höhe und ihrer intensiv dunkelroten Blütenfarbe ist sie ein echter Blickfang im Beet.

Die Tiger-Lilie (*L. lancifolium* var. *splendens,* 170–200 cm) ist gesprenkelt wie ein Raubtier. Sie behauptet sich selbst am halbschattigen Gehölzrand.

Phlox, *Phlox*-Paniculata-Hybride 'Düsterlohe'

Wuchs: Höhe 100 cm. Horstbildende, wüchsige, aufrechte Staude mit gegenständigen Paaren von grasgrünen, lanzettlichen Blättern.

Blüte: Juli bis September ohne Unterlass. Purpurviolette, sehr hübsche Blütenrispen mit einzelnen, großen, stieltellerförmigen Blüten, die recht kompakt den Eindruck einer großen Gesamtblüte machen. Herrlicher Duft.

Standort: Wie jeder Rabatten-Phlox möchte auch diese Sorte einen sonnigen Standort, aber an den Füßen stets feuchten, nicht austrocknenden, tiefgründigen und nahrhaften Boden.

Pflege: Vorsicht, anfällig für Mehltau! Unbedingt den passenden, also schnell trocknenden Standort wählen und bereits erste Symptome bekämpfen. Verblühtes entfernen, um die Nachblüte zu fördern.

Verwendung: Die farbkräftige, wirkungsvolle Prachtstaude ist ein sehr beliebter Klassiker unter den Flammenblumen, wie Phlox auch genannt wird. Ihre Farbe und Höhe lassen sie in bunten Beeten über den anderen Blüten stehen und als starker Farbgeber die Blicke der Betrachter geradezu hypnotisch einfangen. In einer größeren Gruppe ist 'Düsterlohe' eine Wucht, und als vereinzelte Farbpunkte ins Beet gestreut, wirken ihre Blüten äußerst belebend.

Variationen: 'Blue Paradise' (100 cm) holt im Juli und August buchstäblich das Blaue vom Himmel. Gerade im Morgen- und Abendlicht schimmern die Blütentrauben in einem intensiven Blauton. Solch ein blauer »Beau« braucht guten Boden und darf nicht durstig sein. Ein kühles Klima fördert sein Wohlbefinden. 'Spitfire' (90 cm) ist ein echter Hitzkopf, robust, mit lachsroten, großen Blüten, die mit der Sonne im Juli bis Mitte August um die Wette blitzen.

'Natascha', eine Sorte des Wiesen-Phlox (*P.*-Maculata-Hybride), wird 80 cm hoch und blüht im Juli/August wie eine temperamentvolle Polkatänzerin mit lustig pink und weiß gestreiften Blütenröckchen. Ein echter Wirbelwind mit sensationeller Blütenfülle, die alle Blicke bewundernd auf sich zieht. Braucht aber einen richtigen Standort (nicht zu trockenes Beet) und ein kühles Frühjahr, dann geht die Post ab.

Die *Phlox*-Paniculata-Hybride 'Düsterlohe' ist ein Klassiker unter den so genannten Flammenblumen und zündet im Beet ein brillantes Feuerwerk in Pinkviolett.

Zinnie, *Zinnia elegans*

Wuchs: Fröhlich bunte Zinnien sind eine riesige Schatzkiste für temperamentvolle Beete. Die lustigen Spaßvögel blühen einen ganzen Sommer lang. Jeder liebt Zinnien! In erster Linie sind es die kecken Farben und liebreizenden Blütenformen, die begeistern. Die munteren Schmuckstückchen berühren das Kinderherz in uns. Meine Gartenbesucher sind beim Anblick von bunten Zinnien ganz entzückt: »Die hatte meine Oma immer.« Und schon unternimmt man durch diese kleine Blume eine wunderbare Zeitreise in glückliche Kindertage. Säen Sie immer viele, viele der süßen »Schnuckelchen« und Ihre Kinder und Enkelkinder werden in Jahrzehnten von heutigen Sommertagen als die »gute, alte Zeit« schwärmen. Auf jeden Fall säen Sie Zinnien nicht nur ins Beet, sondern pflanzen gleichzeitig Samen für die zukünftige Gartenlust in die Seelen Ihrer Lieben.

Wuchs: Höhe je nach Sorte 20–100 cm. Aufrechter bis ausladender Wuchs mit wenig verzweigten runden oder kantigen Sprossen. Zart- bis mittelgrüne, oft behaarte Blätter.

Blüte: In allen Farben des Regenbogens! Man kann sich gar nicht sattsehen an den interessant geformten Zinnienblüten. Die margeritenähnlichen Köpfchen haben Durchmesser von 3–6 cm und sitzen einzeln und auf langen Stielen, so dass sie sich über ihr Laubwerk erheben und sich gut sichtbar in Beet-Position bringen. Ob einfach oder gefüllt wie kleine Dahlienblüten, haben die Korbblütler immer eine attraktive Mitte. Außen setzt sich der Blütenkorb aus Röhren- oder Scheibenblüten zusammen und innen gruppiert sich ein Kreis Zungenblüten. Die weiblichen Zungenblüten sind schmal oval und an der Spitze häufig mit 2–3 kleinen Zähnchen versehen. Der kleine Kranz von Staubgefäßen webt sich einen goldenen Ring. Eine Nahbetrachtung von Zinnienblüten ist immer ein spannendes Erlebnis. Zücken Sie ihre Kamera für fröhliche Erinnerungen an bunte Sommertage.

Standort: Zinnien stehen gern sonnig und windgeschützt auf nährstoffreichem und lockerem Boden, der nicht austrocknet.

Pflege: Die temperamentvolle Amerikanerin ist bei uns einjährig. Die Anzucht erfolgt ab März im Glashaus oder in Schalen auf dem Fensterbrett. Samen etwa 3 mm hoch mit Erde bedecken. Die optimale Temperatur beträgt ca. 15–20 °C. Den Boden stets feucht halten und auch für hohe Luftfeuchtigkeit sorgen. Nach den Eisheiligen ins Beet pflanzen, mit einem Abstand von etwa 25 cm. Ein Umpflanzen muss aufgrund der empfindlichen Wurzeln vorsichtig erfolgen. Im Mai können Zinnien-Samen auch direkt ins Beet, in 1 cm tiefe Furchen, gesät werden. In kalten Nächten Sämlinge mit Vlies abdecken. Junge Pflanzen je nach Wuchshöhe allmählich ausdünnen. Im Sommer Verblühtes entfernen, damit erzielt man eine reiche Nachblüte bis zum Frost. Einmal in der Woche düngen und regelmäßig gießen. Zinnien recht oft schneiden und Sträußchen binden, die Pflanzen treiben willig nach und blühen vermehrt.

Verwendung: Jedes Sommerbeet bekommt durch bunte Zinnien eine Prise Temperament. Ob als intensiv einfarbige Fläche oder als kunterbunte Mischung wie ein Flickenteppich, Zinnien bringen immer mächtig Farbe ins Beet. Einzeln eingestreut, als dicke Tuffs oder kräftige Drifts, sie zaubern wie bunte Luftballons Sommerfreude in den Garten.

Ein Farbfieber lösen alle heftigen Rot- und Violett- sowie ihre Zwischentöne aus. Der eigenen Kreativität sind keine Grenzen gesetzt: Lassen Sie Ihrem Temperament freien Lauf. Nur Mut zur Zinnien-Lust.

Varianten: Viele, in immer neuen Farben und Blütenformen. Alle sind schön wie gemalt. Hier nur einige Beispiele, was die bunten Zinnen-Samentütchen jedes Jahr auf Neue hergeben. 'Profusion Cherry' (30 cm) webt kirschrot ganze Teppiche. Der 'Whirlygig Mix' (45–50 cm) hat bunt geringelte Petticoats und *Z. haageana* 'Sombrero' (40 cm) leuchtet wie ein mexikanischer Sonnenhut.

Links oben: Die fast grell pinkfarbene Komödiantin gehört der Sorte *Zinnia elegans* 'Pulcino' an, temperamentvoll wie eine Zigeunerschönheit tanzt sie den ganzen Sommer.
Links unten: Das sind die wilden Farben Indiens! 'Candy Cane' leuchtet mit zuckersüßen Pompons in lebhaften Farben bis zum Frost.
Rechts oben: Zinnien sind für die Fotokamera wie geschaffen, ob als prachtvolle Blüte oder im verlockenden Detail mit einem Goldkranz aus Staubgefäßen.
Rechts unten: 'Double Zahara Fire' (35 cm) strahlt fiebrig orange wie ein loderndes Wüstenfeuer.

Pink Panther des Pflanzenreichs

Wie einst Inspektor Clouseau filmreif dem »rosaroten Panther«, einem riesigen Diamanten, hinterherjagte, sollte man für temperamentvolle Beete auf pinkfarbene Garten-Diamanten setzen. Denn Pink verkörpert Lebendigkeit und Spritzigkeit. Pink ist die dynamische wie dominante, ja provozierende Variante von Rosa. Diese

Farbe steht für weiblich, jung und frisch. Auf jeden Fall ist sie unabhängig und manchmal auch etwas schrill und laut. Niemals langweilig, kann sie schon mal arrogant oder snobistisch rüberkommen.

Pink hat diesen leichten Anflug von Blau wie auch die starken Farben Magenta,

Cyclam oder Fuchsia und lässt sich daher wunderbar mit diesen kombinieren. »Pink Panther« beißen sich nicht. Selbstbewusste Gärtnerinnen lieben Pink, weil damit Schwung und Elan ins Beet schwappt. Rot ist die Farbe der Liebe, aber Pink die Farbe der Verliebten. Verliebt sein bedeutet Herzklopfen, große Emotionen, Dauerlächeln und ist der ultimative Gute-Laune-Kick. Verlieben Sie sich in Pink und Sie schweben auf Gartenwolke Nummer sieben!

Fabelhafte Leichtigkeit

Ein Pink für alle Fälle bietet das Schmuckkörbchen (*Cosmos bipinnatus,* Foto links). Als Einjährige lassen sich Kosmeen, wie sie auch genannt werden, kinderleicht aus Samen ziehen und erreichen rasch eine gute Höhe, bis zu 120 Zentimeter. Entweder man zieht sie in Vorkultur oder sät ab März/April direkt ins Beet. Je früher die Aussaat, desto früher die Blüte, die lange anhält, wenn man Verblühtes laufend entfernt. Kosmeen wollen Sonne, einen nährstoffreichen Boden, etwas Dünger und gleichmäßige Feuchte, sonst bleiben sie mickrig und klein.

Ihre filigranen, fast unsichtbaren Stängel sind verzweigt und die fedrigen, frischgrünen Blätter ein Floristentraum voll sommerlicher Leichtigkeit. Die Körbchenblüten zeigen viele Pinknuancen. Haben sie einmal ihre farbkräftigen Köpfchen nach oben geschoben, sind sie im positiven Sinne Ton angebend und blühen unermüdlich bis der Frost sie dahinrafft. Dann lässt man am besten die Samen-

Kosmeen bilden rosarote Blütenwolken und tanzen hier zusammen mit den weißen Schmetterlingsblüten der Prachtkerze sowie blauem Salbei.

stände als Vogelfutter und zur Selbstaussaat stehen.

Prachtvolles Power-Pärchen

Im halbschattigen Bereich liefern Astilben
das beste und intensivste Pink überhaupt.
Die Hohe Kerzen-Spiere *(Astilbe chinensis* var. *taquetii)* 'Superba', auch Purpur-
Astilbe genannt, ist wie ihre Kollegin 'Purpurlanze' (beide 100 cm) mit prächtig
pinkfarbenen Blütenrispen gesegnet. Auf
frischen, lehmig humosen Böden gedeihen sie prächtig und wirken in größeren
Gruppen oder als geschlossene Flächen
als pantherstarke »Pink-power«.

Im Bild rechts scheinen sie die elitäre,
100 Zentimeter hohe Trompeten-Lilie
(Lilium-Aurelian-Hybride) 'Pink Perfection'
zu hofieren. Lilien und Astilben sind ein
Power-Pärchen, sie lieben ähnliche
Bodenverhältnisse. Ein guter Trick: son-
nenliebende Lilien in Töpfen vorziehen
und erst zur Blüte ins Beet auspflanzen,
um einen »Wow-Effekt« im halbschattigen Astilben-Beet zu erzielen.

Die Hohe Kerzen-Spiere 'Superba' und die
Lilie 'Pink Perfection' sind ein perfektes
Power-Pärchen, das ganz in Pink den Halb-
schatten aufmischt.

Wie die Schwedenflagge

Die schwedische blaugelbe Flagge gibt es schon seit 1200 und die Schweden lieben es, sie zu vielen Gelegenheiten zu hissen. Fast jedes Haus verfügt über einen Flaggenmasten, an dem eine schmale Ausgabe weht. Die Nachfahren der machtvollen Wikinger setzten bei ihrem Staatsemblem auf die Kraft der bärenstarken Farben.

Zusammen mit Rot gehören Blau und Gelb zu den drei Primärfarben und beide stehen sich als Komplementärfarben im Farbkreis gegenüber. Das bedeutet, die beiden bilden als Gegenfarben den stärksten Kontrast. Die Eigenschaften des Farbpaares deuten auf eine enorme Ausdruckskraft hin. Daher birgt eine auf diese beiden Farben reduzierte Pflanzenkombination immer eine große Spannung und ist ein Hit im temperamentvollen Beet. Da heißt es respektvoll: alter Schwede!

Sonne und Himmel

Gelb ist die Farbe der Sonne und des Lichtes. Es gilt als warm und strahlt von innen nach außen. Blau verkörpert die kühle Farbe des Himmels, absorbiert Licht und kehrt es nach innen. Stärker könnten die Gegensätze nicht sein und dies führt zu einer enormen Dynamik, die wir im temperamentvollen Beet gerne nutzen.

Der starke Rittersporn hat ein solch intensives Blau, das direkt in unser Gartenherz trifft. Wir lieben tief dunkelblauen Rittersporn, wie hier (Foto links) die gefüllte *Delphinium*-Elatum-Hybride 'Pagan Purples' (160 cm) mit ihrem geheimnisvollen Blauviolett und noch dunklerem Auge. Dieser tolle Rittersporn wurde in Neuseeland gezüchtet und gehört der atemberaubenden Gruppe der New-Millennium-Serie an. Seine machtvolle Erscheinung wird durch ein kräftig gelbes Umfeld noch gewaltig potenziert. Nicht gelbe Einzelblüten, auch wenn auf Augenhöhe, erzielen diesen Effekt, sondern eine starke gelbe

Vor dem strahlend gelben Hintergrund Mexikanischer Orangenblumen der Sorte 'Sundance' gleicht der Rittersporn 'Pagan Purples' dem Himmel seiner neuseeländischen Heimat.

Hintergrundkulisse, vor der ein blauer Ritter seine Manneskraft zur Schau stellen kann.

Hier bilden einige Büsche der Mexikanischen Orangenblume *(Choisya ternata)* 'Sundance' mit ihren goldenen Blättern die sonnenhelle Bühne für den edlen Ritter. Der rundliche, immergrüne Strauch kann bis zu drei Meter hoch werden und ist bei uns leider noch relativ unbekannt. Das sollte sich ändern, denn *Choisya* ist recht winterfest und verträgt Frost (meine Exemplare haben −15 °C weggesteckt). Falls der Strauch in besonders kalten Wintern etwas zurückfriert, ist dies kein Problem. Nach einem Rückschnitt treibt er im Frühling schnell wieder durch. Um Kälteschäden zu verhindern, kann der Wurzelbereich mit trockenen Blättern oder Stroh abgedeckt werden.

Für die sonnige Blattfarbe muss 'Sundance' auch in voller Sonne stehen. Im Frühjahr ist sie dankbar für eine ausreichende Menge an Humus, Stallmist oder granulärem Langzeitdünger. Im Mai/Juni erscheinen zu den brillanten Blättern auch noch stark duftende, weiße Blüten.

Gelb und Blau: darauf bau!

Für blau-gelbe Schweden-Power braucht es aber keine illustren Neuzüchtungen,

auch die guten, alten Klassiker des Staudenangebots bieten reichhaltigen Blütenflor in beiden kraftvollen Farben. Die Gold-Garbe *(Achillea filipendulina)* 'Coronation Gold' (70 cm) ist ein goldiger Dauerbrenner und blüht von Juli bis September ohne Zicken. Ihr Gelb leuchtet wie die Sonne höchstpersönlich und sollte in großen Mengen gepflanzt werden. Apart sind auch ihre silbrigen Fiederblätter. Die

Staude ist eine dankbare Schnittblume. In unserem Beispiel (Foto unten) umgarnt das »Krönungsgold« den Sommer-Salbei *(Salvia nemorosa)* 'Caradonna', der 60 Zentimeter hoch wird. Dies ist ein äußerst wirkungsvoller Salbei mit dunkelvioletten Blüten an schwarzroten Stielen und von erstaunlich langer Blütezeit (Juni bis September). Seine satte blaue Farbe und die aufrechte Statur machen 'Cara-

donna' und die robuste Gold-Garbe zu einem handfesten, schwedischen Bauernpaar. Wegen ähnlicher Standortbedingungen verstehen sie sich blendend.

Die Gold-Garbe und der mitternachtsblaue Sommer-Salbei 'Caradonna' sind Klassiker mit ländlichem Kraftpotential.

Astilbe chinensis var. *taquetii* 'Purpurlanze' streckt ihre kompakten, dichten und lodernden Blütenspeere in einem aufregenden Purpurpink einen ganzen Meter in die Höhe.

Farbmagie im Schatten

Wer schafft es, schattigen Beeten Temperament zu schenken? Astilben sind hier die größten Magier, die Schattenbeeten mächtig einheizen oder hier sogar ein Farbfieber erglühen lassen. Könnte ich schön singen, würde ich eine Lobeshymne auf die Astilbe *(Astilbe)* schmettern, die schon eine Lieblingspflanze meiner Mutter war. Diese wunderbare Gattung ermöglicht es Ihnen, ein Farbfeuerwerk von Juni bis September abzufackeln. Astilben, auch Prachtspieren genannt, gibt es in brillanten Farben und einer immensen Auswahl an Sorten. Das Schönste ist: Sie passen alle herrlich zusammen.

Die Formen der Blütenstände variieren ebenfalls: Von kerzenartig straff und aufrecht, für mehr formales Ambiente, bis zu überhängenden, zart fedrigen Wölkchen, die sich naturnah zeigen, findet man alles. Von niedlichen Zwergen über halbhohe

Gestalten bis zu 120 Zentimeter großen Riesen reicht ihr märchenhaftes Angebot für ein spannendes Spiel mit unterschiedlichen Wuchshöhen. Das intensive Farbspektrum umfasst von prickelndem Weiß über feines Rosa und wildes Pink bis zu glutroten Fackeln alle Zwischentöne. Leicht lässt sich ein loderndes Feuer in Gartenbereiche zaubern, die sonst eher von gedeckten Farbtönen getragen sind. Für sensationelle Schattenspiele ist eine große Anzahl von Astilben-Akteuren die richtige Wahl und diese Schattenprofis garantieren eine Super-Show.

Pink und Rot in Hülle und Fülle

Astilben sind Kinder des Halbschattens und lichten Schattens. Diese Bereiche im Garten gelten oft als problematisch, weil die Lichtverhältnisse für viele Blütenpflanzen zu schlecht sind. Prachtspieren gedeihen am besten auf feuchtem humosem Boden. Bei gleichmäßiger, guter Versorgung mit Feuchtigkeit, können sie auf lehmig-humosem Boden auch an sonnigeren Standorten gepflanzt werden.

Neben ihren fantastisch eleganten Blüten tragen auch die Blätter zu ihrem unwiderstehlichen Charme bei. Sie sind mehrfach gefiedert und lassen die Staude als sehr feingliedrig erscheinen. Die Blattfarbe variiert, manchmal ist sie glänzend dunkelgrün, manchmal mit bronzefarbenem Schimmer. Astilben sind robust und pflegeleicht, ohne Schnecken- und Läuseattacken. Sie freuen sich über eine Kompostgabe und im Frühjahr über eine Handvoll organischen Volldünger.

Für temperamentvolle Beete nutzen wir die echten Farbkracher, die wir besonders unter den Garten-Prachtspieren (*Astilbe*-Arendsii-Hybriden) finden. Georg Arends hat in seiner gleichnamigen Staudengärtnerei in Wuppertal-Ronsdorf eine Astilben-Kollektion von Weltgeltung geschaffen, die Sie bis heute im Sommer dort in ihrer ganzen Opulenz bewundern können. Die Sorte 'Fanal' (70 cm) hat lodernde Fackeln in dunklem Granatrot und blüht Juli/August. Danach übernimmt die Hybride 'Glut' (80 cm) diese Rolle und hält das Feuer bis September in Gang. 'Obergärtner Jürgens' (60–70 cm) hat besonders dekorative, konisch spitz zulaufende, karminrote und dichte Blüten-

rispen und bei 'Rotlicht' (80 cm) ist der Name Programm.

Die Japanische Prachtspiere (*Astilbe japonica*) 'Köln' wird 50 Zentimeter hoch und hat eine leuchtende, scharlach- bis karminrote Farbe, damit verlegt sie den Karneval in den Monat Juni. Bei den pinkfarbenen Purpur-Astilben (*A. chinensis var. taquetii*) ist 'Purpurlanze' (100 cm)

der Topstar. Sie hat schmale, straffe, sehr kompakte Blütenrispen in Purpurpink.

Fabelhafter Fackel-Sturm

Eine wirklich temperamentvolle Art Astilben zu präsentieren ist, dicke Tuffs in vielen Farben zu mischen (Foto unten). Möchte man einen besonders eindrucksvollen Effekt erzielen, wählt man Sorten,

die zum gleichen Zeitpunkt blühen, um ein Gemälde von großer Leuchtkraft in den Garten zu projizieren. Sehr hilfreich ist das Einstreuen von weißen (sonst keine temperamentvolle Farbe) oder hellrosa Astilben, weil ihr Strahlen den halbschattigen Bereich aufhellt, wie Spotlichter auf einer Bühne. So setzen sie die dunklen Prachtspieren ins richtige Licht. Viel Spaß mit solch leidenschaftlichen Fackeln.

Ein Astilben-Fackelmeer wird durch weiße und hellrosa Sorten wie mit Spotlights ins richtige Licht gesetzt.

Für leidenschaftliche Ladies

Zu dieser hinreißenden Gestaltung eines bunten Patios gehören: Vision, Mut, Passion, Tatkraft und ein Quäntchen Exzentrik! Klingt typisch englisch und regt dazu an, auch bei uns solch temperamentvolles Gartendesign zu wagen. Es ist ein sehr weiblicher Entwurf und zeigt die Handschrift einer »Garten-Verrückten«. In der Tat, was Tricia Guild für die fröhlich bunte Welt der Stoffe ist, ist Jill Foxley mit ihrem Unternehmen »The Perfumed Garden« für die unkonventionelle Gartengestaltung.

Dieser berauschende Schaugarten ist einfach hin- und mitreißend. Wer möchte nicht, müde und geschafft, in diese energiegeladene Prachtwelt eintauchen, die rosarote Brille aufsetzen und nur noch gute Laune spüren, um erfrischt und voller Tatkraft, wie neu geboren, wieder aufzutauchen! Also, meine gestressten Damen, raus aus dem dunklen Hosenanzug, rein in Gartenklamotten und Ihrem Leben einen neuen Sinn geben!

Den passenden Rahmen schaffen

Bei diesem Entwurf handelt es sich um einen sonnigen, kleinen und kompakten Garten. Es kann ein Reihenhausgarten sein oder aber auch eine geräumige Dachterrasse. Wände, ob vorhanden oder zum Sichtschutz gebaut, werden kräftig pink (oder lila oder rot oder orange …) gestrichen. Pfiffig ist die waagerechte Lattenkonstruktion, die eine optische Abgrenzung darstellt und trotzdem Luft sowie feine Lichtstreifen durchlässt.

Dann ein Wegesystem überlegen und in seinen Umrisslinien markieren. Danach die geplanten Wege einmal abgehen und auf den sinnvollen Verlauf prüfen.

Suchen Sie sich einen starken Mann, der die Bodenbearbeitung und eventuell -verbesserung vornimmt, und lassen Sie anschließend schön schlichte Wegplatten möglich fugenlos verlegen. Auf keinen Fall Rasen anlegen, der macht zu viel Arbeit und passt sowieso nicht ins Konzept, weil die Dame von Welt auch mal mit Stöckelschuhen durch ihren Gartentraum flanieren möchte. Ein Hochbeet bringt durch das Schaffen verschiedener Ebenen immer Spannung und die senkrechten Kanten können in der temperamentvollen Lieblingsfarbe gestrichen werden.

Bei der Dachterrassen-Version zuerst die Statik prüfen und feststellen, wie viel Gewicht aufgebracht werden kann, sowie rechtliche Belange klären. Dann ebenso die Wegeführung und Terrassenfläche festlegen. Für die Bepflanzung werden Hochbeete in verschiedenen vertikalen wie horizontalen Abmessungen gebaut. Dezente Bodenplatten vom Fachmann verlegen lassen und an Wasser- sowie Stromanschluss für Sprenger bzw. die nächtliche Gartenbeleuchtung denken.

Farben inszenieren

Möchte man Bäumchen pflanzen, ist dies mit Containerware fast das ganze Jahr über möglich. Natürlich sollen Baume und auch Sträucher auf keinen Fall zu groß werden. Zu empfehlen sind Kleinbäume als Hochstämme, wie z.B. die Zwerg-Blutpflaume (Prunus × cistena) mit schwarzrotem Laub oder etwas formaler die Kugel-Akazie.

Die herrliche fruchtbare, krümelige – eben die perfekte Gartenerde für die Ansprüche der ausgewählten Pflanzen – steht wie auf dunklen Flächen bereit. Jetzt heißt es Mut zur Farbe! In diesem Beispiel wurden als Stauden gesetzt: Blauer Sommer-Salbei (Salvia nemorosa) und lila Prachtscharte (Liatris spicata), die noch nicht blüht, aber bereits die langen, grünen Knospen und Blätter zeigt. Die roten und gelben Fackellilien (Kniphofia) 'Alkazar' und 'Percy's Pride' (beide 70 cm) leuchten schon von Weitem. Der Rittersporn (Delphinium-Pacific-Hybride) 'King Arthur' steht mit stattlichen 180 Zentimetern immer seinen Mann, während die Lichtnelke (Silene coronaria) mit feinen Silberstielen und pinkfarbenen Blüten weibliche Zartheit einbringt.

Dazwischen glänzen Einjährige mit kräftigen Farben: goldgelbe Ringelblumen (Calendula) 'Candyman Yellow' und Zinnia 'Dreamland' in buntem Allerlei. Die Bepflanzung kann nach Lust und Laune immer neu erfunden werden.

Stellen Sie sich einen Sonnenuntergang in Ihrem neuen Garten oder auf Ihrer Dachterrasse vor. Alles blüht und glüht um Sie herum, die Blütenfarben beginnen ein Eigenleben und Sie mittendrin mit einem Glas perlendem Rosé-Sekt: das Leben ist wunderschön!

Ob kleiner Garten oder große Dachterrasse eine leidenschaftliche Gartenlady nutzt Wände als Farbkulisse, um ihr temperamentvolles Werk in Szene zu setzen.

Finger zum Himmel

Nicht nur intensive Farben, sondern auch aufstrebende Pflanzenfiguren tragen zum Temperament im Beet bei. Das Auge fährt entlang der energischen Formen, die wie Raketen oder Finger gen Himmel zeigen. Eleganz und Dynamik sind Markenzei-chen solcher Blüten, die zu rufen schei-nen: »Schaut her, hier bin ich!« Schlanke Blütenkerzen als leuchtende Stäbe mitten ins Beet platziert, wirken wie eine treibende Kraft, die aufstrebt und zum Abheben einlädt. Sie sind der uner-müdliche Motor, der mit Intensität und Leidenschaft das vertikale Element betont, das in Beeten leider oft zu kurz kommt. Im linken Beispiel übernehmen gleich mehrere Pflanzenpartner diese Funktion.

Die leuchtende Kraft der Kerzen

Im Zentrum steht der Sommer-Salbei *(Salvia nemorosa)* 'Amethyst' (70–80 cm), dessen rosaviolette Kerzenbündel den blauen Salbei-Kollegen und hinten rechts den purpurvioletten Blut-Weiderich *(Lythrum salicaria)* mitziehen. Alle werden von den aufstrebenden Händen des Gar-ten-Fuchsschwanzes *(Amaranthus caudatus)* 'Rote Fackel' angefeuert. Selbst die rosafarbenen, einjährigen Sommerastern *(Callistephus chinensis,* 50 cm) mit ihren runden Blüten strahlen um die Wette.

Wie gelingt ein solch üppiges Beet? Alle Pflanzen haben ähnliche Standortansprü-che: volle Sonne und ein frischer sowie durchlässiger Boden. Die dauerhaften Stauden, wie Salbei und Blut-Weiderich, werden in jedem Jahr durch einige tem-peramentvolle Einjährige, wie hier den Garten-Fuchsschwanz und die Som-merastern, »aufgepeppt«. Ein gutes Sys-tem: Der Großteil der Pflanzen kommt immer wieder. An den leeren Stellen kön-nen sich im Frühling Tulpen-Tuffs austo-ben, z. B. die schicke, pinkfarbene, lilien-blütige 'Marietta' sowie 'Muriel' oder eine dunkelviolette Papageien-Tulpe. Danach werden nach Lust und Laune und Tempe-

Um die rosa Staude *Salvia nemorosa* 'Ame-thyst' tummeln sich Einjährige wie die frech roten Finger des Gartenf-Fuchsschwanzes und eine strahlende pinkfarbene Sommeraster.

rament diese Flächen mit Einjährigen, die sich die Seele aus dem Leib blühen, aufgefüllt. Vorteil dieser Bepflanzung ist, jedes Jahr malt man sich ein neues Bild ins Beet: Da kommt garantiert keine Langeweile auf!

Violette Raketenbasis

Das gleiche Prinzip wie im linken Beet findet auch rechts seine effektive Anwendung. Die lilafarbene Duftnessel *(Agastache foeniculum*, 80–120 cm), wegen ihrer Duftnote auch »Anis-Ysop« genannt, ist die zentrale Raketenstation im Beet. Sie ist eine schöne und standfeste Staude, deren lila Blütenfinger sich von Juli bis September scheinbar endlos nach oben schieben. Duftnesseln sind als amerikanische Präriestauden relativ anspruchslos, sie lieben sonnige Plätze auf eher nährstoffarmen Böden. Nach der Devise »Only the good die young« ist die Lebensdauer nicht für die Ewigkeit. Aber diese Duftnessel versamt sich gerne und taucht von alleine immer wieder auf. Außerdem müssen Staudengärtnereien auch leben!

Die Duftnessel, auch »Anis-Ysop« genannt, erfrischt mit ihren blauen Blütenfingern ringsum die Einjährigen, deren Platz im Frühling bunte Tulpen einnehmen.

Dort finden Sie weitere attraktive Neuzüchtungen, wie die Dunkle Blaunessel *(Agastache*-Rugosa-Hybride) 'Black Adder'. Sie wird 90 bis 120 Zentimeter hoch und schmückt sich mit blauvioletten Blütenkolben. Ebenso attraktiv ist auch die Blaunessel 'Blue Fortune', mit 70 bis 100 Zentimetern Höhe und purpurblauen Fingern. Erfreuliche Nebeneffekte dieser Nesseln sind: Schmetterlinge sind ver-

rückt nach ihnen und ihre attraktive Wintersilhouette ist in der vierten Gartensaison ein echter Blickfang.

Hier im Beet hat die Duftnessel ein paar sommerliche Spaßfreunde versammelt. Die immer lustigen dahlienblütigen Zinnien gibt es als Riesen-Mischung, mit Pflanzen von 80 bis 100 Zentimeter Höhe, oder als Liliput-Mix, mit 50 bis

60 Zentimeter kleinen Schönheiten. Alle Zinnien sind sowieso echte Sommerkracher und dafür braucht es nicht einmal viel Mut. Vorne gesellt sich einjähriges Leberbalsam *(Ageratum houstonianum*, 40 cm) mit seinen puderblauen Flaumblüten dazu. Auch in diesem Beet könnten im Frühling Zwiebelblüher, wie die »Allzweckwaffe« Tulpe, den ersten Farbrausch im Beet auslösen. Wohl geling's!

Wundertüte Landhausgarten

Das Leben in den Städten wird immer hektischer und fordernder. So haben viele Menschen große Sehnsucht nach einem Ort, dessen Zeittakt im Einklang mit der eigenen inneren Uhr steht. »Entschleunigung« ist das Zauberwort und damit ver-

bindet sich oft der Wunschtraum nach einem Leben auf dem Lande. Neue herrliche Hochglanz-Magazine tragen als Titel neben dem magischen Wort »Land« schmückende Ausdrücke wie »Lust«, »Liebe« und »Idee«. Der Wunsch nach

einem einfachen Leben und der Nähe zur Natur sucht Erfüllung. Dabei ist der Landhausgarten immer ein malerisches wie gutes Zugpferd.

Bauern-, Cottage- oder Country-Garten?

Also heißt es, raus aus der Stadt mit all der Enge und rein ins scheinbar roman-

tische Landleben mit weitem Himmel und Luft zum Atmen. Der Landhausgarten übt dabei eine große Faszination aus, er idealisiert das Landleben in besonderer Weise. Der Bauerngarten ist die bodenständige Urform dieses Gartentypus. Neben dem formal gehaltenen Nutz- und Küchengarten war der Blumengarten immer die heitere Seite der harten Gartenarbeit. Der englische Cottage-Garten ist die kleinere Version rund ums putzige Häuschen, wo nützliche Selbstversorgung sich mit heiter buntem Blumen-Durcheinander in zauberhaftem Einklang befindet. Beim Country-Garten steht nicht so sehr das Haus im Vordergrund. Entscheidend ist die Einbindung in eine großartige ländliche, bäuerlich geprägte Landschaft und der weite Horizont verspricht ein freies Lebensgefühl.

Der Landhausgarten dient der puren Erholung und Freude an bunten Blumen und blühenden Bäumen. Sein Nutzen ist nicht Gemüseproduktion, sondern er ist

Ohne jegliche Zwänge kann der Landhausgarten aus der ganzen bunten Farbplatte schöpfen: Scharlachroter Bauern-Phlox, goldiges Purpur-Kreuzkraut und noble Lilie sowie weitere Prachtstauden sind der Stoff, aus dem ländliche Gartenträume gewebt werden.

auf große Gefühle ausgerichtet. Heiterkeit und Unbeschwertheit strahlt der Landhausgarten aus. Die Wahl der Pflanzen und die Verwendung heimischer Materialien sollte die »Seele« des Ortes treffen. Das Wunderbare ist, dieser Gartenstil lässt sich auch auf nicht zu kleinem Grundstück in der Stadt umsetzen.

Üppig, aber leger

Im charmanten Landhausgarten haben die Pflanzen einen lockeren Habitus, eine gewisse Wildheit und Lässigkeit, die nicht eingezwängt wird. Nicht steife Beetrosen, sondern legere Strauchrosen mit ausladendem Wuchs und lockerer Blütenpracht sowie charmante Kletterrosen sind das Credo. Stauden dürfen groß und hoch sein und ihre Blüten in allen Farben des Regenbogens durcheinandertanzen. Ein festes Schema gibt es nicht, weil alle Farben der Natur miteinander unbefangen und frei spielen dürfen. Nur der Himmel ist das Limit! Realistisch gesehen, ist es natürlich die Bodenbeschaffenheit. Aber das Angebot an standortgerechten Pflanzen ist immens und temperamentvolle Gärtner und Gärtnerinnen können sich hier austoben.

Phlox (Foto links) ist in jeder kräftigen Farbe stets sehr willkommen. Die lockeren wie knalligen Inkalilien (Alstroemeria,

Foto rechts) sollten bei uns viel mehr zum Einsatz kommen. Behandelt man sie wie Dahlien, ist die mangelnde Frosthärte kein Problem. Lilien sind – wie beide Pflanzbeispiele hier zeigen – immer ein Hit: egal ob gigantische Madonnen-Blüten oder die spielerischen, kleinblütigen Türkenbund-Lilien (Lilium martagon) mit ihren Trauben aus Mini-Turbanen.

Ist der Boden feucht und nährstoffreich genug, liefern Purpur-Kreuzkraut (Ligularia dentata, 60–100 cm) 'Britt-Marie Crawford' oder die große Schwester 'Desdemona' (100–150 cm) mit ihren schokoladenfarbenen Blättern und goldgelben Blüten ein Dauerfeuer von Juli bis September (s. Foto links). Die feinen Blütenkugeln stammen von der Wiesenraute (Thalictrum delavayi), sie versprühen violette Tropfen, die Pflanzen werden dabei 120–180 Zentimeter hoch.

Entscheidend ist: Mut zur Farbe wie Mut zu wilden Formen. Und schon haben Sie Ihre eigene Landlust auch in der Stadt.

Inkalilie (Alstroemeria aurea) 'Orange King', Lilium 'Brunello' und im Vordergrund prickelnde Disteln sowie die blauen Himmelsleitern (Polemonium caeruleum) bilden einen lebhaften Farbakkord am blauen Gartentor.

Welcher abstrakte Künstler war hier am Werk?
Auf jeden Fall hat ein toller Gartengestalter
Kugel-Lauch, *Astilbe* 'Purpurlanze' und den
Kerzen-Knöterich 'Orange Field' zu einem
Temperamentsbanner verwoben.

Purpur-Pünktchen punkten

Viele kecke Farbkleckse kitzeln in diesen
Beeten das Temperament heraus und bei
uns die Lachmuskeln. Wie das beschwingte Pünktchen-Sommerkleid einer flotten
jungen Dame verbreitet hier der Kugel-
Lauch *(Allium sphaerocephalon)* einfach
gute Laune. Rundliche Blüten in intensiven Farben, die in großen Mengen im
Beet tanzen, haben eine optische Dynamik, die für unsere temperamentvollen
Beete anregend ist wie bunte Prickel-
brause. Und für ein tolles, sommerliches
Farbfieber kann man gar nicht genug
davon haben.

Und rollt und rollt und rollt

Die farbintensiven Knospen des Kugel-
Lauchs sind rund und beim Aufblühen bilden sie umgekehrt herzförmige Blütenbälle in einem kräftigen Purpurrot. Auf
zarten Stängeln mit einer erstaunlichen
Höhe von 70 bis 100 Zentimetern ist dieser kleinblütige Lauch robust und winterhart. Im vollsonnigen Hochsommer-Beet,
mit durchlässigem, trockenem (eventuell
Sand untermischen) und kalkhaltigem
Boden sorgt er für einen sprudelnden
Blühhöhepunkt.

Die kleinen Zwiebelchen, die von September bis November (bitte, bitte sehr viele!)
gesteckt werden, sind kleine Kraftpakete
und mögen es absolut nicht, mit Stick-
stoffdünger gedopt zu werden. Auch nach
der Blüte sehen die trockenen Pünktchen
im Beet gut aus und eignen sich prima
für Trockensträuße. Fühlt sich dieser
»Kügelchen-Lauch« in einem Beet wohl,
wird er sich reichlich selbst aussähen.

Kunst im Blumenbeet

Beide Pflanzkombinationen sind schön
wie gemalt! Das Beet auf dieser Seite
zeigt sich wie ein abstraktes Gemälde des
Künstlers Marc Rothko. Im Vordergrund
tummeln sich zuhauf die festen Köpfchen
unseres purpurnen Kugel-Lauchs. Das
breite »Neon-Farbband« in Pink strahlt wie
eine Leuchtreklame. Es ist flächig angelegt
und besteht aus Purpur-Astilben *(Astilbe*

chinensis var. *taquetii)* der Sorte 'Purpurlanze' (100 cm). Erstaunlichlicherweise –
die Pflanzengattung gehört sonst eher
zu den Kindern des feuchten Halbschattens – verträgt 'Purpurlanze' zeitweilige
Trockenheit. Im Hintergrund lodert der
Kerzen-Knöterich *(Persicaria amplexicaulis,* syn.: *Bistorta a.)* 'Orange Field' mit
80 bis 100 Zentimeter hohen Stängeln.

Getüpfelte Perspektiven

Gerne würde man lange auf der Bank
(Foto rechts) sitzen und die hochsommer-
lichen Purpur-Pünktchen genießen. Die
kleinen Blütenknäule des kugeligen *Allium*
stehen auf fast unsichtbaren Stängeln.
Erfrischend wie die Perlen eines Rosé-
Sekts wirken die fast schrill pinkfarbenen
Blüten der 60 Zentimeter hohen Kronen-
Lichtnelke *(Silene coronaria)*. Da beide
Pflanzen sich eifrig versamen, haben sie
weiterhin zusammen viel Spaß im Beet.
Wenn nicht, helfen Sie nach und füllen
beide wieder auf – und ab geht die
Pünktchen-Post.

Prickelnde Hochsommer-Sektlaune: Unzählige
Blütenkügelchen von *Allium sphaerocephalon*
spielen heiter mit den pinkfarbenen Blüten
der Kronen-Lichtnelke im relativ trockenen
Staudenbeet.

Ein Künstlergarten

Künstler haben Mut zur Farbe! Und nicht wenige große Künstler hatten selbst einen großen Blumengarten, der ihnen als unerschöpfliche Quelle der Inspiration diente. Heute können wir diese Gärten besuchen und uns anspornen lassen, um Mut zur Farbe für eigene temperamentvolle Beete zu schöpfen.

Der Maler Claude Monet war vernarrt in Blumen und schuf sich in Giverny einen Garten, der zur Wiege seines künstlerischen Schaffens wurde. Wogen von bunten Blumen und Stauden wurden in ihrer Zusammenstellung vom Meister akribisch geplant. Noch heute kann man sich bei einem Besuch von Monets Garten davon überzeugen, dass die einzelnen Farbflächen zu einem flimmernden Farbrausch zu verschmelzen scheinen wie auf seinen Gemälden.

Eines der Geheimnisse großer Gartenkunst ist simpel: gute Pflanzenkenntnisse. Monet war ein fleißiger Autodidakt, der Fachliteratur zum Gartenbau studierte sowie Blumenausstellungen besuchte. »An meinem Garten arbeite ich kontinuierlich und mit Liebe.« Diese Aussage könnte auch in unserem Herzen brennen.

Schrilles Farbfieber

Dieses Beet fiebert wahrhaft in intensiven Farben. Eine Gartenkünstlerin in Norddeutschland legte es an. Sie hat intuitiv und frei von Vorbildern ein eindrucksvolles Bild geschaffen. Die feurige, orangerote Montbretie (*Crocosmia*-Hybride) 'Lucifer' lodert in der Tat wie ein Höllenfeuer. Sie wird 80 bis 120 Zentimeter hoch. Phlox (*Phlox*-Paniculata-Hybride) 'Düsterlohe' blüht in einem fast künstlichen dunklen Magenta bis Purpurviolett mit leichtem Neoneffekt. Kein Wunder, dass bei solcher Farbkraft der Hohe Staudenphlox auch als »Flammenblume« bezeichnet wird. Beide Farben zusammen haben etwas »Schräges« an sich, das der künstlerischen Freiheit zu verdanken ist.

Interessant ist, dass Monet in seinem Gemälde »Weg in Monets Garten in Giverny« (1902) ebenfalls diese fast disharmonisch und aufreizend wirkende Farbkombination auf die Leinwand gebannt hat. Dort prasseln rotorangefarbene Kapuzinerkresse-Blüten und ebenfalls ein stark violettes Blütenband (wohl auch aus Phlox) aufeinander, um die Farbkraft des Sommers einzufangen. In Monets Gemälde gibt der mittige Weg die notwendige Ruhe, um das Farbfieber zu spüren. Im nebenstehenden Beet übernimmt der formal geschnittene Buchsbaum die Funktion des kühlen, ruhenden Gegenpols. Glut und Fieber im Beet werden deutlich intensiviert, wenn sich grelle Blüten und stilles Grün in unmittelbarer Nähe in starker Spannung gegenüberstehen.

Emil Noldes Gartenglut

Gärtnerinnen und Gärtner, die sich gerne mit Kunst befassen, können mutig sein und die unzähligen farbenfrohen Gartenbilder des Expressionisten Emil Nolde studieren und etwas davon nachpflanzen. Ob Aquarell oder in Öl gebannt, er war fasziniert von Blumen, die er zunächst in großer Zahl auf seine damals unkonventionelle Art porträtierte. Nachdem er und seine Frau nahe der Nordsee in ein Bauernhaus zogen und dort einen Garten anlegten, schuf Nolde großartige Gartenszenen in seiner ganz eigenständigen Bildsprache.

Seine Gemälde beeindrucken bis heute durch ihre großzügige Gestaltung, eine rhythmische Bildorganisation mit großen Farbflächen und leuchtenden Komplementärkontrasten. Das genau trifft den Kern von Temperament im Beet! Große Blühkomplexe in starken Farben, die nicht die feine Harmonie, sondern die lebendige Konfrontation suchen. Ein starkes Beispiel ist das Gemälde »Blumengarten (O)« (1922), auf dem sich Gruppen von tiefblauen Schwertlilien durch starkes Orange und Gelb aufheizen. Auch kleine Szenen beweisen häufig bereits großes Temperament, wie »Dahlien und Sonnenblumen« (1928). Auf diesem Werk schweben über rot-weißgestreiften Dahlienblüten kraftvolle Sonnenblumen in Van-Gogh-Manier.

Apropos Sonnenblumen. Die wirken in natura eigentlich nur als großes Feld wirklich gut, daher im Garten immer nur in Massen pflanzen. Legendär sind Noldes Mohn- und Rittersporngemälde, die eine Sprache scharfer Akzente sprechen. Er lässt auch reines Rot und Gelb mit Blau und Grün einen vibrierenden Dialog führen. Emil Nolde hat sich immer wieder von seinem bunten Garten inspirieren lassen, warum sollten seine Gemälde nicht auch uns beflügeln, in temperamentvollen wie flüchtigen Gartenbildern des Sommers zu schwelgen?

Eine Gartenkünstlerin aus Norddeutschland hat, wie einst Emil Nolde, ein Gartenbild von großer Kraft und Stärke geschaffen: echtes Temperament im Beet.

Herbst

Farbfinale

Der goldene Herbst läutet die große Schlussrunde eines temperamentvollen Gartenjahres ein. Bevor die Saison ausklingt, starten die Farben noch einmal richtig durch und legen ein atemberaubendes Finish ins Beet.

Höhepunkte zum guten Schluss

Im Sommer haben die Herbstschönheiten viel Sonne und Kraft für den großen Endspurt getankt. Die lange Anlaufphase haben sie zum »Aufwärmen« genutzt, um jetzt die Glut des Sommers in ihren Farben dem Garten zurückzuschenken. Keine Spur von Wehmut, sondern die Freude von Gewinnern auf der Zielgeraden steht den Stars wie Dahlien, Astern und Rudbeckien in ihren strahlenden, medaillenrunden Gesichtern: So sehen Sieger aus!

Keinen sentimentalen Abschied von vergangenen Sommertagen wollen wir beklagen, sondern im Gegenteil mit Riesenfreude den überwältigenden Schlussakkord im Beet ausgelassen feiern. Wir Gärtner/-innen sind entspannt im Wissen um die stete Wiederkehr von: Farbrausch – Farbfieber – Farbfinale.

Golden ist der Herbst

Gerne tituliert man den Oktober als golden. In der Tat zeichnet sich gerade der Garten-Herbst, der im September beginnt, häufig durch ruhiges, stabiles Sonnenwetter aus. Da passt die Leitfarbe Goldgelb besonders gut ins Konzept. Allen sonnenblumigen Blütengesichtern strahlt die tief stehende Sonne direkt in die leuchtenden Augen. Rudbeckien sind – ob als Staude oder einjährig – die effektvollen »golden girls« im Herbstbeet! Die klassische Sonnenblume – entweder eng eingebunden ins Beet oder in Massen – setzt ihr schönstes Strahlen auf. Zeigt sich Gelb im Frühling oft von seiner zarten Seite, schwingt jetzt ein sattes Orange mit, das Blumen einen goldenen Glanz verleiht. Gute Gärtner/-innen wissen, im Herbst gilt die Devise: Go for gold.

Dahlien, die späten Königinnen

Dahlien, die heißen Mexikanerinnen, sind Prachtweiber im herbstlichen Beet. Dank ihrer dicken Knollenfüße sind sie mit einer schier unendlichen Power begnadet. Die vielfältigen Blüten – ob einfach oder gefüllt, pompon- oder kaktusförmig, ob als riesige Schmuck-Dahlien oder in eleganten Seerosenformen – treten in aufsehenerregenden Farben auf, die unseren Atem stocken lassen. Schlagen Sie einen Dahlien-Katalog auf und Sie fühlen sich auf einen pittoresken mexikanischen Marktplatz versetzt mit kunterbunten Damenröcken in den leidenschaftlichen Farben der Inkas. Lassen Sie sich hinreißen, denn für Dahlien mit ihrer schlanken Figur findet sich immer ein Plätzchen im Beet. Dann wird Ihr Herbst zum großen Höhepunkt.

Lila – der letzte Versuch

Woher stammt dieser Ausdruck? Vor 150 Jahren wurde ein Farbstoff entdeckt, der die Welt veränderte und die Modewelt revolutionierte: Lila. Lila wurde zur Lieblingsfarbe von älteren Fräuleins, die sich noch Hoffnung auf einen Bräutigam machten. Lila im Beet ist dagegen gar nicht alt, sondern zeigt sich – ob als funkelnde Aster oder üppiger Rotkohl – als äußerst selbstbewusst. Vielleicht ist es deshalb auch die Farbe der Feministinnen.

Astern sind unverdrossene Hauptdarstellerinnen im letzten Akt eines großen, temperamentvollen Gartendramas. Zwar haben sie strahlende Gesichter, aber ihre eher kühlen Farben künden doch an, dass bald Schluss ist mit lustig. Wir Gärtner/-innen wissen, auch wenn bald der letzte Vorhang fällt, in ein paar Monaten beginnt das temperamentvolle Garten-Riesenrad aufs Neue.

Dahlien sind die Königinnen im herbstlichen Garten. Ihre Farben- und Formenvielfalt ist für temperamentvolle Beete einfach genial.

Astern, *Aster*

Früher wurde sie als »Sternblume« bezeichnet. Der botanische Name leitet sich von »astrum« ab, was »Stern« bedeutet und die strahlenförmigen Blüten schön beschreibt. Es gibt Astern-Arten und -Sorten in Groß und Klein. Einige erfreuen bereits im Frühling oder Sommer. Hier geht es jedoch um die Herbst-Astern, die farbenfrohen Blütensterne, die dem Garten eine temperamentvolle »gute Reise« in den Winter wünschen.

Raublatt-Aster oder Neuenglische Aster, *A. novae-angliae* 'Andenken an Paul Gerber'

Wuchs: Höhe 140 cm. Horstbildende Stauden mit kräftigen, fast holzigen Sprossen, sie sind standfest und gesund. Lanzettliche, behaarte Blätter stehen dicht an dicht. 'Andenken an Paul Gerber' ist eine schöne und bewährte Sorte, die jedem Herbstwind und -wetter trotzt und dabei immer entzückend bleibt.

Blüte: September/Oktober. Hübsche purpurrosa Blüten sind durch gelbe bis orangefarbene Augen von herrlicher Strahlkraft und prima Fernwirkung. Die farbenprächtigen Blütensterne sind ein Hingucker im hinteren Teil von Beeten.

Standort: Sonnig, aber nicht zu warm. Nährstoffreicher, feuchter Boden. Ohne ausreichend Feuchtigkeit neigen diese Astern zu Mehltau.

Pflege: Gut düngen, z. B. organischer Dünger im März. Nach dem starken Rückschnitt im Herbst freut sich die Aster über eine Schicht Komposterde.

Verwendung: Aufgrund ihrer Höhe ist der beste Platz weiter hinten im Beet. Dies hat auch den Vorteil, dass die leider etwas stakeligen, unschönen Beine der Astern, die von unten her oft verkahlen, geschickt durch vorgepflanzte Beetpartner verdeckt werden können. Ganz besonders gute Freundinnen sind die Herbst-Anemonen (*Anemone* × *hybrida*) 'Bressingham Glow' und 'Pamina'. Die Erste wird 80–110 cm hoch und hat gefüllte strahlend pinkfarbene Blüten. Die Zweite bleibt 50–70 cm klein. Beide kaschieren mit ihren attraktiven Blättern die nackten Astern-Stängel. Aber auch andere Astern können diese Aufgabe mit Bravour und intensiven Farben übernehmen.

Varianten: 'Septemberrubin' (130 cm) leuchtet purpurrot bis in weite Ferne. 'Treasure' (140 cm) ist ein violetter Schatz.

Glattblatt-Aster, *A. novi-belgii* 'Schöne von Dietlikon'

Wuchs: Höhe 100–150 cm. Horstbildend, buschig aufrecht mit schlanken, verzweigten Ästen. Blätter kahl, stiellos und lanzettlich. Bewährte Sorte, die gut standfest ist.

Blüte: September/Oktober erscheinen große Mengen von kleinen, violetten Blüten an locker ausladenden Rispen.

Standort: Unbedingt feuchter, nährstoffreicher Boden notwendig, sonst fällt die Blüte schwach aus. Für trockene Böden nicht geeignet.

Pflege: Feucht halten, sonst Gefahr von Mehltau.

Verwendung: Eine der besten Glattblatt-Astern und sie ist am richtigen Standort dauerhaft und gesund. Wegen ihrer Höhe eher im hinteren Bereich des Beetes ansiedeln, wo sie wunderbar strahlt. Sehr schön für Bauerngärten und in Kombination mit anderen Glattblatt-Astern.

Varianten: 'Le Reve' (150 cm) heißt zu Recht »der Traum«, denn sie ist grazil und ihre gefüllten Blüten haben eine traumhaft pinkfarbene Strahlkraft. Blüht schon ab Ende August unermüdlich bis zum ersten Frost. Luftiger Pflanzplatz, sonst droht Mehltau. 'Leuchtfeuer' (90 cm) zeigt kompakten Wuchs. Mit ihrem leuchtenden Rosarot glüht sie unermüdlich mit reichen Schmuckblüten.

Kissen-Aster, *A.*-Dumosus-Hybride 'Augenweide'

Wuchs: Höhe 25–35 cm. Locker bis dicht verzweigter Wuchs. Breitet sich über Kriechtriebe weiter aus.

Blüte: August/September. Unzählige Blüten in rosigem Violett mit orangefarbenem Auge. Die harmonische Farbgebung ist eine wahre Augenweide.

Standort: Sonnig, auf trockenem wie feuchtem Boden mittleren Nährstoffgehaltes. Breitet sich über Ausläufer aus und kann in wenigen Jahren ansehnliche Bestände ausbilden.

Pflege: Keine besondere Pflege.

Verwendung: Eine erfreulich niedrige Aster für das Staudenbeet, die sich gerne im Vordergrund tummelt und gut mit allen anderen Astern tanzt. Besonders auch als Einfassung geeignet sowie für den Steingarten.

Varianten:
'Blauer Gletscher' (25–35 cm) ist eine sehr reich blühende Kissen-Aster mit blauvioletten, halbgefüllten Blüten. Widerstandsfähig und krankheitsresistent.
'Starlight' (30–40 cm) ist ein leuchtender Stern unter den Kissenastern und strahlt mit purpurroten Blüten bis in die Ferne.
'Rosenwichtel' (15–20 cm) blüht mit schmucken, halbgefüllten, rosa Blüten wie ein Märchentraum.

Links oben: Die Raublatt-Aster *(Aster novae-angliae)* 'Andenken an Paul Gerber' ist eine hohe und trotzdem recht standfeste und reich blühende Sorte.
Links unten: Die niedrige Kissen-Aster *(Aster-Dumosus-Hybride)* 'Augenweide' glänzt als dunkelviolette Blütenwolke besonders im Beetvordergrund.
Rechts: Glattblatt-Aster *(Aster novi-belgii)* 'Schöne von Dietlikon' ist ein Klassiker aus der Schweiz, wunderschön und von traumhaft blauvioletter Farbe.

Herbst-Chrysantheme, *Chrysanthemum*-Indicum-Hybride 'Rumpelstilzchen'

Wuchs: Höhe 60 cm. Buschig aufrechter Wuchs und an stabilen Stängeln frisch grüne Blätter.

Blüte: Orangerote, halbgefüllte Herbstmärchenblüten, die wie kleine Berserker im September und Oktober mit dem Feuer spielen. Chrysanthemen wurden schon vor 2000 Jahren in China gezüchtet und heute gibt es weltweit rund 5000 Sorten. Für temperamentvolle Beete sind natürlich nicht die fetten Treibhaus-Sorten gemeint, die es im Herbst höchstens bis auf den Friedhof schaffen, sondern vor allem die heißblütigen und relativ frostfesten Indicum-Hybriden.

Standort: Sonnig. Nährstoffreicher, lehmiger und durchlässiger Boden.

Pflege: In geschützten Lagen relativ winterhart. In besonders kalten Klimaten wie Dahlien behandeln und im Keller frostfrei überwintern. Im Boden Verbleibende nach der Blüte zurückschneiden, danach sind Chrysanthemen für eine Mulchschicht dankbar. Sie vertragen keine Winternässe.

Verwendung: Die kleinen Wilden springen gerne lustig vorne im Beet herum und machen dem Winter eine rote Blütennase. Wie alle farbintensiven Chrysanthemen ist 'Rumpelstilzchen' eine leidenschaftliche Mitspielerin im großen Herbstfinale. Die Monate danach sind ganz sicher farblich trostlos. Also haben Sie viel Mut zu späten Chrysanthemen-Farben, um dem Winter trotzig Ihre Gartenstirn zu bieten!

Varianten: 'Herbstrubin' (80–100 cm) hat tief rubinrote, große und gefüllte Blüten, Edelsteine mit herbstlicher Zauberkraft, die bis Ende November glühend blühen. Die bewährte Sorte 'Oury' (90 cm) kämpft temperamentvoll mit pinkfarbenen Blüten und knallgelber Mitte noch beim ersten Frost gegen den Winter.

Die robuste Chrysantheme 'Rumpelstilzchen' führt mit ihren kräftig orangeroten Blüten einen vehementen und lang anhaltenden Freudentanz gegen den nahenden Winter auf.

Purpursonnenhut, *Echinacea purpurea* 'Magnus'

Wuchs: Höhe 80–100 cm. Straff aufrechter Wuchs mit wenig verzweigten Blütenständen. Bildet schnell kleine Horste.

Blüte: Juli bis September. Auffällige Korbblüte mit pinkfarbenen Zungenblättern, die sich horizontal um eine dunkle rostbraune bis orangefarbene Mitte reihen und die der Namensgeber ist: Griechisch »Echinos« heißt »Igel«. Die großen, leuchtenden Blüten scheinen auf ihren kräftigen Stängeln über dem Beet zu schweben. Die Pflanze ist ein unkomplizierter Dauerblüher.

Standort: Volle Sonne und frischer, wasserdurchlässiger, humoser Boden, der nicht austrocknen sollte.

Pflege: Das Abschneiden von verblühten Köpfchen fördert die Blühwilligkeit. Lässt man sie stehen, sehen die getrockneten, mittigen Kegel wie kleine, schwarze Kunstwerke aus. Alle vier bis fünf Jahre im Frühjahr die Purpursonnenhüte teilen, sonst nimmt die Blühkraft ab. Die Staude ist leider etwas kurzlebig, aber Neusaat oder Zukauf lohnt sich immer.

Verwendung: Eine vielseitige Pflanze für das große Farbfinale. Der Purpursonnenhut sollte nicht auf Präriepflanzungen reduziert werden. Seine intensive Farbe lässt zusammen mit Partnern gleichen Spektrums einen finalen Tusch im Beet erschallen, der lange im Gartengedächtnis nachklingt. Sonnenhüte werden von Bienen und Schmetterlingen gerne besucht und sind eine echte Bereicherung, besonders in wassersparenden Pflanzungen

Varianten: Bei der Sorte 'Vintage Wine' (70–90 cm) umstellen kurze Blütenblätter den weinroten, mittigen Kegel. Der Orangefarbene Sonnenhut *(E.-Hybride)* 'Tiki Torch' (70–80 cm) fungiert als toller Blickfang mit seinen kürbisfarbenen Blüten, die von August bis Ende September unermüdlich erscheinen. Wie eine glühende Fackel erleuchtet er mit seinen großen Blüten herbstliche Beete. Roter Sonnenhut 'Fatal Attraction' (60–70 cm) ist ein echter Killer mit seinen kräftig purpurrosa gefärbten Blüten, die einen dichten Kranz bilden.

Der straff aufrechte Purpursonnenhut 'Magnus' fällt durch seine »igelige«, orangefarbene Blütenmitte auf und ist ein unermüdlicher Dauerblüher.

Dahlien, *Dahlia*

Dahlien sind die Königinnen des Herbstes. Auf der großen herbstlichen Bühne und besonders in temperamentvollen Beeten spielen sie im spektakulären Farbfinale die Star-Akteure. Den saftigen Knollen der rassigen Mexikanerin entlockten Züchter unendlich viele aufregende Blütenfarben und -formen.

Für temperamentvolle Pflanzenkombinationen müssen es die »heißblütigen« Südländerinnen sein. Sie stolzieren in starken Rot- und Gelbtönen mit ihren flotten Blütenröcken und legen einen leidenschaftlichen Samba aufs Beet-Parkett. Dieser letzte Tanz des Gartenjahres trägt die ganze Glut des Sommers in sich und berauscht zum guten Schluss die Beete mit der Dynamik eines großen Feuerwerks. Raketen gleich schießen sie schlank empor, um in der Höhe mit einem furiosen Schauspiel von immer neuen, sternengleichen Farbbildern zu überraschen: das infernale Finale!

Die Fotos rechts zeigen drei Dahliensorten, deren Blütenformen verschiedene Dahlien-Klassen repräsentieren. Die Standort- und Pflegeansprüche sind jedoch für alle Dahlien gleich und werden hier gemeinsam abgehandelt.

Standort: Voll sonnig und ein freier Himmel über den Blüten, denn Tröpfeln von Ästen mögen Dahlien nicht. Nahrhafter, lockerer und etwas feuchter Boden.

Pflege: Dahlien brauchen wie alle großen Schönheiten gute Pflege. Und auch hier gilt: Mühe lohnt! Das Dahlienjahr beginnt Ende April. Die Eisheiligen müssen nicht abgewartet werden, weil der Dahlien-Austrieb eine Weile braucht und bis dahin die letzten Fröste nicht mehr in den Boden eindringen. Die Knollen werden mit dem Wurzelhals nach oben ca. 10 cm tief in die gelockerte Erde gesetzt. Zeigen sich nach etwa vier Wochen die ersten Triebe, diese vor Schnecken schützen.

Alle Dahlienbüsche müssen regelmäßig aufgebunden werden. Bei heißem Wetter brauchen Dahlien viel Wasser. Für eine Düngergabe im Juli sind sie dankbar. Das »Ausputzen«, sprich Ausschneiden, verblühter Blütenköpfe ist sehr wichtig. Die Knollen frostfrei bei 4–10 °C und ausreichender Luftfeuchtigkeit überwintern.

Verwendung: Alles, was gefällt! Für solche dekorativen Gartenkünstler ist immer Platz. Sie passen zu allen Spätsommerbildern und entfachen immer ein tolles Herbstfeuer, das im Garten wehmütige Stimmungen verscheucht.

Varianten: Zahlreiche, die bei den jeweiligen Gruppen aufgeführt werden.

Einfach blühende Dahlien

Diese Sorten entwickeln einfache, ungefüllte Scheibenblüten mit einem »Knopf« aus Staubgefäßen in der Mitte. Besonders temperamentvoll ist z.B. 'Roxy'. Sie wird 75 cm hoch und entfaltet neonartig leuchtende violette bis purpurfarbene Blüten. 'Foxtrott' (110 cm) entfaltet kirschrote Blüten mit weißen Streifen.

Duplex-Dahlien

Halbgefüllte Blüten tragen zwei oder mehrere Reihen von Blütenblättern, die die Mitte einrahmen. Die populäre Sorte 'Bishop of Llandaff' ragt 100–130 cm hoch auf und zeigt glühend knallrote Blüten sowie bräunliche, fast schwarze Blätter.

Pompon-Dahlien

Ihr Markenzeichen sind stark gefüllte, runde, fast ballförmige Blüten, die sehr kompakt wirken und sich aus stark eingerollten Blütenblättern zusammensetzen. 'Black Tucker' (120 cm) zeigt z.B. eine tief burgunderrote, perfekte Kugelblüte. 'Barbara' (110 cm) blüht hellviolett.

Kaktus- und Semikaktus-Dahlien

In diese Klassen gehören Sorten mit großen gefüllten Blüten, die sich aus langen, mehr (Kaktus) oder weniger (Semikaktus) eingerollten und zugespitzten Blütenblättern zusammensetzen und etwas »stachelig« aussehen. 'Gelber Vulkan' (120–150 cm) blüht temperamentvoll zweifarbig in strahlendem Gelb mit feinen roten Streifen, ein Farbvulkan fürs Beet.

Oben links: 'Bishop of Llandaff' ist mit seinen glühend roten Blüten sowie seinem fast schwarzen Blättergewand ein wertvoller Klassiker für Hitze im Beet.
Unten links: Die Kaktus-Dahlie 'Gelber Vulkan' bringt das herbstliche Beet zu temperamentvollen Farbexplosionen.
Rechts: 'Black Tucker' gehört zu den Pompon-Dahlien, wird sehr hoch und schmückt sich mit perfekten, burgunderrot changierenden Kugelblüten.

Sonnenbraut, *Helenium*-Hybride 'Moerheim Beauty'

Sonnenbräute haben glückliche Sonnengesichter und bringen strahlende Aussichten ins Beet. Der botanische Name leitet sich vom griechischen Sonnengott Helios ab. Ihre vielen kleinen Korbblüten laufen sich bereits im Spätsommer warm für das große Farbfinale im Herbst. Farbenprächtig, im satten Gelb-, Orange- und Rotspektrum, bringen die unbekümmerten Sonnenkinder temperamentvolles Leuchten in unsere Beete. Wie in den unendlichen Weiten der amerikanischen Prärie, aus der die Urformen stammen, wirken alle *Helenium*-Sorten in Gruppen, ja noch besser in Massen am besten. Viele, viele Sonnenbräute zaubern die glühende Sonne ferner Länder in Ihren Garten. Sie erwärmen an trüben Herbsttagen

Links oben: *Helenium* 'Flammenrad' rollt ihre temperamentvollen Sonnenräder auf großer Höhe, bis zu 150 cm, durchs Beet.
Links unten: Die Sonnenbraut 'Waltraut' ist mit ihren frühen, glühenden Blüten die Einheizerin für herbstliche Sonnenbeete.
Rechts: 'Moerheim Beauty' eignet sich mit ihren samtig kupferroten Blüten als souveräne Spielführerin im Beet, denn nur in der Ruhe liegt die Kraft.

Ihr Herz und wecken Ihre gute Laune. Ein besonders wertvoller Klassiker ist die *Helenium*-Hybride 'Moerheim Beauty', mit dem Sichtungsprädikat »sehr gut« ausgezeichnet (Abbildung rechts).

Wuchs: Höhe 80–100 cm. Horstbildend. Die aufrechte Staude trägt an kräftig verzweigten Sprossen lanzettliche mittelgrüne Blätter.

Blüte: Juli bis September. Blütendurchmesser 6–8 cm. Die Korbblüten sind wunderschön samtig kupferrot. Um die braunrote Blütenmitte dreht sich ein kleines, gelbes Sonnenrad aus Röhrenblüten, die jeder Blüte ein strahlendes Gesichtchen gibt.

Standort: Voll sonnig muss der Standplatz sein und fruchtbaren, frischen bis feuchten, gut dränierten Boden bieten, der gern lehmig oder lehmig humos sein darf.

Pflege: Alle Sonnenbräute sind pflegeleicht. Mit einer Herbstpflanzung verschafft man sich einen Vorsprung, denn die bereits eingewurzelten Stauden treiben im Frühjahr umso kräftiger aus und präsentieren bereits in der ersten Saison einen reichen Blumenschmuck. Im Früh-

ling die Pflanzen vor Schnecken schützen. Zur Verlängerung der Blütezeit im Mai, den vorderen Teil eines Horstes um die Hälfte einkürzen. Im Sommer ist regelmäßig zu wässern, im Winter sollte man die Stauden vor Staunässe schützen. Nach der Blüte im Spätherbst oder vor dem Neuaustrieb im Frühjahr schneidet man die Pflanzen zurück. Die Stauden alle 2–3 Jahre teilen.

Verwendung: Die Moerheimer Schönheit ist von subtiler Glut und Leidenschaft. Ihr satter Kupferton wirkt auf gelbe und zweifarbige Sonnenbräute beruhigend und auch intensivierend. Sie ist eine selbstbewusste Schöne, die sich nicht laut vordrängt, sondern ihren Wert kennt und echten Teamgeist verkörpert, nach dem Motto: »Gemeinsam sind wir stark.«

Neben allen anderen Sonnenbräuten sind weitere farbfreudige Präriestauden ideale Partner. Zu purem Rotgold wird ein Beet mit gelbem und kupferfarbenem Sonnenhut *(Rudbeckia)* oder der Goldrute *(Solidago)*. Ein solches Beet wird zum strahlenden Sonnenmittelpunkt im Garten. Mit kontrastreichen Partnern, etwa mit den stahlblauen Blüten des Eisenhuts, violetten Astern und Schleier-Eisenkraut sowie

grellen Indianernesseln, bildet 'Moerheim Beauty' eine wilde Rasselbande voller Energie und Lebenslust. Tanken Sie Mut für ein herrliches Herbstspektakel.

Varianten: 'Flammenrad' (100–150 cm): Ihr Farbspiel in Gelb und Orange lässt die Blüte wie ein Sonnenrad aussehen. Diese sehr stattliche Sonnenbraut-Sorte braucht eine Stütze. Gut ist es, sie im späten Frühjahr einzukürzen, damit sie sich für eine bessere Standfestigkeit mehr verzweigt. Als dauerblühende Sonnenbraut mit Modelmaßen hat sie im Hintergrund ihren beeindruckenden Auftritt. 'Waltraut' (80–100 cm) hat einen schönen, aufrechten Wuchs. Die radförmigen, einfachen Blüten glänzen durch ihren spannenden Farbverlauf, das Kupferrot leuchtet durch eine gelbe Flammung wie ein Busch-Feuer. Ihr Lieblingsplatz ist das sonnige Prärie-Beet, wo sie ihr glühendes Temperament entfalten darf. Gut lässt sich die schöne 'Waltraut' mit vielen anderen *Helenium*-Sorten kombinieren. Der wärmende Farbton erscheint recht früh und kann so ein feuriges Herbstbeet beizeiten vorheizen. Gerade zum Ende der Gartensaison möchte man ja keinen kurzen Rausch, sondern ein lang anhaltendes, farbenfrohes Finale.

Indianernessel, *Monarda*-Hybride 'Gardenview Scarlet'

Indianernesseln sind in ihrem Ursprung stürmische Rothautkinder der Prärie, die erst vor wenigen Jahrzehnten europäische Gärten erobert haben. Den Indianern Nordamerikas gilt die rote Scharlach-Monarde *(Monarda didyma)* als Wunderheilmittel und mit ihrem betörenden Duft nach Bergamotte ist sie zudem Tee- und Würzpflanze: ein Fest für die Sinne! Auch die zweite wilde Ausgangsform heutiger Hybriden, *Monarda fistulosa*, wurde schon von den Indianern als Aromapflanze verwendet. Sie kann weiß oder violett blühen.

Heutige Indianernessel-Neuzüchtungen brausen als fantastische Farbbringer und Bienenlieblinge durch unsere herbstlichen Beete. Standhaft sind sie und kennen keinen Schmerz, selbst beim stärksten Sturm nicht. Ihre etwas bizarren Blütenschöpfe machen die tapferen Krieger zu tollen Verbündeten gegen frühzeitige Herbsttristesse. Fassen Sie tüchtig Mut! Pflanzen Sie ganze Horden temperamentvoller Indianer, denn ein Indianer kommt selten allein, und sie sind nur als kraftvolle Farbbande richtig stark. Die Squaw 'Gardenview Scarlet' ist eine feuerrote und robuste Indianerbraut für unsere temperamentvollen Beete.

Wuchs: Höhe 120 cm. Horstbildend, aufrechter Wuchs bei guter Standfestigkeit. An kantigen Stängeln sitzen frischgrüne, lanzettliche Blätter.

Standort: Volle Sonne bis lichter Schatten. Feuchter, sehr humoser und nährstoffreicher Boden ohne Staunässe und ohne Trockenheit.

Blüte: Juli bis September, knallrot leuchtend, in 2–3 übereinanderstehenden Quirlen, die ein spannendes Beet-Erlebnis mit herrlichem Duft abgeben. Beste Bienenweide.

Pflege: Anspruchslos, Rückschnitt bodennah zwischen November und Februar, Volldünger im Frühjahr. Entgegen landläufiger Meinung müssen Indianernesseln, obwohl Kinder der Prärie, bei Trockenheit ausreichend gewässert werden. Die Sorte ist im Gegensatz zu vielen Indianernesseln widerstandsfähig gegen Mehltau. Ansonsten gilt für Mehltau an Indianernesseln: Try to love it! Denn wer schaut schon bei so temperamentvollen Farben und spritzigen Formen auf die Füße? Ein luftiger Standort und eine ausgewogene Düngung helfen, Mehltaubefall zu begrenzen. Regelmäßig alle 3–4 Jahre durch Teilung verjüngen, was die Wüchsigkeit und Vitalität enorm steigert.

Verwendung: Aufgrund ihrer signalroten Blüten, die an Püschel von Cheerleadern erinnern, wirkt 'Gardenview Scarlet' auch in Kleingruppen oder gar als Solitär. Wie kleine Indianer-Lagerfeuer befeuern sie temperamentvolle Beete mit intensiver Farbe und prickelnder Blütenform. Besonders eindrucksvoll wirkt 'Gardenview Scarlet' flächig oder in großen Tuffs in naturnahen Pflanzungen, wo sie wie einst Scarlet O'Hara den eher blassfarbenen Mitspielern zeigt, was Temperament ist. Ein bunter Teppich, aus verschiedenen *Monarda*-Sorten gewebt, gleicht einem eigenwilligen, ja fast modernen Gemälde. Gartenkunst einmal anders und sehr schön natürlich.

Kleiner Tipp: Die Blütenpracht schmeichelt auch dem Gaumen. Die Indianernessel ist als alte Heilpflanze ein herrlich duftendes Teekraut. Aus ihren Blättern kann Tee gekocht werden, der ein sehr feines »Earl-Grey«-Aroma entfaltet.

Varianten: 'Prärienacht' (90–120 cm) glüht dunkel- bis leuchtend purpurviolett. Die spritzigen Blüten erscheinen gerne in Massen von Juli bis September. Die Sorte erinnert auch an trüben Tagen an temperamentvolle Nächte. Die dynamischen Blüten bilden als große Gruppe einen violetten Sternenhimmel. 'Blaustrumpf' (100 cm) entwickelt von Juli bis September kräftig dunkellilafarbene Blüten, die schattige Plätze erstaunlich gut tolerieren. Die Standfestigkeit der Sorte wird gelobt. 'Kardinal' (100–110 cm) trägt im August/September purpurrote Blütenroben, eine sehr aparte Farbe. Bildet Ausläufer. *M. didyma* 'Squaw' (120 cm) blüht intensiv scharlachrot mit dicker, rostbrauner Mitte, früh im Juli und August. Sie ist kaum mehltaugefährdet.

Oben links: Greifen Sie munter in diesen Farbtopf der Natur und zaubern daraus moderne und sehr natürliche Gartenkunst in Form kunterbunter und duftender Beete: ein Genuss für Auge und Nase.
Unten links: *Monarda* 'Gardenview Scarlet' ist eine feurige Indianerin, die im Beet einen Prärienbrand entfacht. Holen Sie sich die glühende Sonne einer fernen Welt in Ihren Garten.
Rechts: Die Indianernessel 'Prärienacht' macht den Tag im Beet zum lila Nachthimmel voller glimmender Sterne.

Einjährige Sonnenhüte in ihren kraftvollen Farben sind wertvolle Farbgeber in herbstlichen Beeten. *Rudbeckia hirta* 'Prairie Sun' schenkt mit ihren Strahlenblüten dem Beet viele kleine Sonnen.

Einjähriger Sonnenhut, *Rudbeckia hirta* 'Prairie Sun'

Wuchs: Höhe 70 cm. Straff aufrechter Wuchs und schönes, dunkelgrünes Laub.

Blüte: August bis Oktober. Strahlend golden, in der Tat wie die glühende Sonne der Prärie, ist dieser Sonnenhut äußerst blühfreudig. Um den grünlichen Kegel in der Mitte zeigen sich die attraktiven sattgelben Blütenblätter. Wie ein Sonnenrad gehen die Blüten auf und die Spitzen erscheinen wie von der Sonne geküsst in hellem Gelb. Wenn auch die Sommerglut verschwunden ist, zeigt die zweifarbige Blüte immer noch den goldigen Schimmer der Präriesonne.

Standort: Sonnig, sobald die Frostgefahr vorüber ist, auspflanzen. Braucht guten, durchlässigen, sandig-lehmigen Boden, der frisch bis feucht sein sollte.

Pflege: Die robuste Einjährige ist einfach aus Samen zu ziehen und verzeiht Anbaufehler großzügig. Aussaat im frühen April als Vorzucht im Frühbeet oder später direkt ins Freiland.

Verwendung: Dieser Sonnenengel ist ein Schatz im herbstlichen Beet. Farbe und Form strahlen um die Wette und dank der manierlichen Belaubung nimmt 'Prairie Sun' die Beetpartner gerne in die Arme. Die Pflanzungen können schön eng sein. Besonders gut wirkt dieser Sonnenhut in ein fröhliches Beet eingestreut. Dann können die Blüten wie kleine Minisonnen alles erhellen. In Massen gepflanzt, holen sie die Sonne vom Himmel.

Varianten: 'Autumn Colours' (50–60 cm) ist zweifarbig. Um das fast schwarze Auge dreht sich ein großes bronzefarbenes Blütenblätter-Rad, das am Rand golden ausläuft: starke Herbstfarben pur. Die ähnliche Sorte 'Cappuccino' hat einen größeren Goldrand. 'Cherry Brandy' wird 60 cm hoch, die tiefkirschrote Farbe der Blüten ist neu und äußerst ungewöhnlich. Bringt kraftvolle Spannung und Glut ins Beet. 'Toto' (25 cm) überzeugt als kleine Pflanze mit großen Blüten. Um das schwarze Auge der Blüte wirbelt ein kontrastreiches gelbes Sonnenrad. 'Toto' ist sehr wetterresistent.

Pracht-Fetthenne, *Sedum spectabile* 'Carmen'

Wuchs: Höhe 40 cm. Prächtiges Garten-Fettblatt, aufrecht und horstbildend mit graugrünen Blättern.

Blüte: August bis September. Große, kräftig pinkviolette Blütendolden, die sich aus kleinen, sternförmigen Einzelblütchen zusammensetzen. Die Blüten von 'Carmen' wirken funkelnd und strahlen eine wunderbare Frische aus.

Standort: Sonnig. Brät gerne an heißen und trockenen Standorten. Der Boden sollte wasserdurchlässig und -ableitend sowie mäßig nährstoffreich sein. Feuchte und nahrhafte Standorte liegen der Pracht-Fetthenne nicht.

Pflege: Anspruchslos. Kein Rückschnitt im Herbst, weil die Samenstände ein schöner Winterschmuck sind. Totaler Rückschnitt erst im Frühjahr.

Verwendung: *Sedum spectabile* ist weit weniger bekannt als die Purpur-Fetthenne (*S. telephium*), deren Blütenfarbe für temperamentvolle Beete etwas zu »müde« wirkt. Bei 'Carmen' ist der Name Programm, sie tritt in der Blumenrabatte selbstbewusst auf. Einzeln oder in kleinen Tuffs heitert sie die manchmal schon

etwas morbiden Herbstfarben erfrischend auf. In Einzelstellung heizt sie einem Steingarten ordentlich ein und setzt dort tolle Glanzpunkte. Diese Sorte ist als Ganzjahrespflanze nicht nur zur Blütezeit schön. Ihre graugrünen Triebknospen-Knoten leuchten im Frühling und im Winter sind die Blütenschirme im getrockneten Zustand eine Zierde.

Varianten: 'Brillant' (20–40 cm) ist ein toller Blickfang mit tiefpinkfarbenen, großen Blütentellern sehr dekorativ. 'Carl' (30–40 cm) entfaltet kräftig pinkfarbene Farbteller bei einem sehr kompakten und kugeligen Wuchs. 'Neon' (40–50 cm) strahlt wie eine echte »Disco-Queen«, mit silbrigem Laub und fast fluoreszierenden, neonpinkfarbenen Blüten-Spots. Die prächtige Sorte 'Rosenteller' (30 cm) hat dunkelrosa schirmförmige Blütenstände von ornamentaler Wirkung.

Bei *Sedum spectabile* 'Carmen' ist der Name Programm: Rassig funkelnde Blütendolden betreten in temperamentvollem Purpurpink die herbstliche Gartenbühne. Im Winter bieten die Samenstände noch etwas fürs Auge.

Flower-Power in der Prärie

Die endlosen Weiten der amerikanischen Prärie mit ihrer speziellen Pflanzenvielfalt standen Pate für einen neuen Gartenstil in Europa. Ein Vorreiter der Verwendung nordamerikanischer Präriestauden und -gräser ist seit den frühen 80er-Jahren der Holländer Piet Oudolf. Sein Stil ist naturalistisch und tatsächlich sind Pflanzen – und nicht architektonische Elemente – das zentrale Gestaltungselement seiner inzwischen in der ganzen Welt angelegten Gärten. Seine markante Gartenhandschrift wurde zum Trendsetter und ist längst eine etablierte, eigenständige Stilrichtung.

Sein besonderes Augenmerk richtet Oudolf auf Pflanzenstrukturen. Er webt aus Stauden und Gräsern Bilder von gleichzeitiger Spannung wie Harmonie. Das Belassen von trockenen Pflanzenkörpern und ihren attraktiven Samenständen über den Winter hebt die jahreszeitliche Dynamik hervor. Beete, mit glitzerndem Raureif versilbert oder vom Schnee mit weißen Sahnehäubchen versehen, verzaubern als pittoresker Blickfang und tragen uns charmant über die langen und tristen Monate hinweg. So hat auch der Winter Temperament im Beet.

Think big!

Für eine wirklich grandiose Präriepflanzung braucht man Platz, denn sie wirkt nur authentisch, wenn auf großer Fläche Massen von Stauden und Gräsern zusammenkomponiert werden. Punkt, aus!

Haben Sie aber eine große Fläche, die auf eine große Gestaltung wartet, dann sind Prärieschönheiten mit ihrer wunderbaren Verbindung von faszinierenden Formen und anmutigen Farben die richtige Wahl. Präriepflanzungen sind auf eine außergewöhnliche und überraschende Fernwirkung ausgelegt. Ein kenntnisreicher und detaillierter Entwurf liegt einem solchen Beet als Masterplan zugrunde, ohne dass dieser auf den ersten Blick zu spüren wäre. Gartenbilder von natürlicher Poesie entstehen wie von Mutter Natur in den Weiten unter dem großen Himmel der amerikanischen Prärie geschaffen.

Think colour!

Als temperamentvolle Gärtner/innen behalten wir besonders eine spannende Farbauswahl im Auge. Aus dem reichen Angebot der manchmal eher zartfarbenen Präriestauden wählen wir also die Farbmächtigsten aus. Die Pflanzung soll nicht stromlinienförmig kopieren, was gerade angesagt ist, sondern wir kreieren unsere ganz eigene Privatprärie, die unsere raffinierte Handschrift trägt.

Ein Darling für uns ist die Gattung Purpursonnenhut, deren atemberaubende Neuzüchtungen uns stärkste Farben anbieten. In der Abbildung – übrigens ein präziser Ausschnitt aus einer großen Pflanzung – steht im Vordergrund der Purpursonnenhut (*Echinacea purpurea*) 'Rubinstern' (100 cm). Er ist ein Juwel von Kopf bis Fuß und blüht pausenlos von Juli bis September. Die formschönen Blüten sind eine irre Kombination aus pinkfarbenen Strahlen und einem saftig orangefarbenen Herzen: schräg schön!

Wie es sich für ein Präriebeet gehört, im Herbst immer alles stehen lassen und den Rückschnitt erst bei Neuaustrieb im Frühjahr vornehmen. 'Rubinstern' ist äußerst robust – wie übrigens alle Purpursonnenhüte – sowie winterhart: ein unkomplizierter Schatz der Prärie.

Think clever!

Hinten rechts hat sich der gewaltige Purpur-Wasserdost (*Eupatorium maculatum*) 'Atropurpureum' mit 180 bis 200 Zentimetern Höhe aufgebaut. An ihm ist alles groß: Riesenblüten, Riesenhöhe und Riesenanblick. Dieser Gigant bietet das optische Rückgrat und ist zudem ein hervorragender Sichtschutz, der statt Zaun zum Einsatz kommen kann oder um weniger Attraktives zu verstecken. Wer so groß ist, muss natürlich auch viel Wasser trinken. Aber er zeigt uns schnell mit schlaffen Blättern, wenn Nachschub nötig ist. Er steht daher auch gut an Teichen.

Hinten links sehen wir einen weiteren prima Kumpel im Beet, den Kerzen-Knöterich (*Persicaria amplexicaulis,* syn.: *Bistorta a.*) 'Firetail' mit 120 Zentimetern Höhe, er ist auch unter dem Namen 'Speciosa' im Handel. Seine roten Feuerschwänze züngeln wie Flammen und seine Natur ist robust wie die Feuerwehr. Da er auch gerne trinkt, ist er gut neben dem Wasserdost aufgehoben.

Temperament in der Prärie! Der kleine Ausschnitt aus einer großen Pflanzung zeigt vorne den Purpursonnenhut 'Rubinstern' und links dahinter den rot züngelnden Kerzen-Knöterich 'Firetail'. Der riesige Wasserdost macht sich nicht nur in Form und Farbe prima, sondern ist auch gleichzeitig ein guter Sichtschutz.

Im Dahlien-Zimmer

Für die Herbstkönigin Dahlie einen eigenen Garten-Salon einrichten? Ein tolle Idee, aber ein eigenes Beet hofiert die schöne Dame nicht minder. Warum nicht eine Dahlien-Sammlung anlegen, anstatt die Schönen des Herbstes in Beete einzuordnen. Beim Juwelier werden die prächtigsten Schmuckstücke auch lieber einzeln ausgelegt, damit die Kostbarkeiten ihren ganz eigenen Zauber entfalten können. In einem eigenen Beet präsentiert sich Ihre wertvolle Dahlien-Kollektion mit speziellem Glanz und Gloria.

Fünf-Sterne-Beet für einen temperamentvollen Topstar

Ein Dahlien-Beet hat viele gärtnerische Vorteile, denn zum Glück tritt auch nach vielen Jahren keine Bodenmüdigkeit auf. Im Herbst holt man die Dahlien-Knollen mit der Grabegabel vorsichtig aus dem Erdreich und kann sich dabei ganz auf diese delikaten Herzen der mittelamerikanischen Schönheiten konzentrieren, ohne um Nachbarstauden herumtanzen zu müssen. An die abgeschnittenen Dahlien-Stiele (ca. 6 cm lang lassen) werden Namensetiketten mit Hinweis auf Farbe und Größe sicher angebracht. Gut geordnet setzt man die wertvollen Knollen in luftige Kisten und verfährt mit der Überwinterung wie auf Seite 84 beschrieben.

Dann gräbt man das Dahlien-Beet spatentief um und legt die Erdklumpen verkehrt herum in geraden Reihen nebeneinander. Gute Gärtner/-innen lieben diesen Anblick effektiver bäuerlicher Pflugtechnik. Der Bodenfrost soll im Winter tief in die Hügelchen eindringen und macht die Beeterde wunderbar krümelig. So spannt man Väterchen Frost vor den Arbeitskarren. Im Frühjahr wird eine Schicht bester Kompost, gemischt mit Rinderdung (keinesfalls Pferdemist), aufgebracht, kräftig umgegraben und alles schön geharkt: fertig ist das feine Dahlien-Beet.

Ende April/Anfang Mai werden die Knollen ausgepflanzt. Wer seine Dahlien-Schau früh genießen möchte, zieht seine Lieblinge im Glashaus oder Frühbeet in Töpfen vor und setzt sie nach den Eisheiligen ins Freiland. Das Pflanzloch etwa spatentief graben, einen Teelöffel Hornspäne hineingeben. Die Dahlien einsetzen und Erde auffüllen. Die Knollen sollten dabei oben nur ein paar Zentimeter mit Erde bedeckt sein.

Schauen die grünen Triebe aus dem Boden, gegebenenfalls ringsum Schneckenkorn streuen. Solange die Dahlien noch niedrig sind, stecke ich als Stütze verzweigte Reiser um den Austrieb. Später wird ein stabiler Pfahl in gebührendem Abstand eingeklopft, um eine Verletzung der Knolle zu vermeiden. Die Dahlie entsprechend ihres Zuwachses mit grünem Bindegarn mehrfach »anleinen«.

Die seerosenblütige *Dahlia* 'Requiem' (80–110 cm) in sattem Violett wirkt intensiv wie die Robe eines Kardinals.

Vorhang auf!

Für die Gestaltung Ihrer Dahlien-Galerie wählen Sie einfach Ihre schönsten Favoriten aus. Die klassische Höhenstaffelung wirkt auf jeden Fall: die Kleinen vorne und die Großen hinten. Es ist ganz gleich, was Sie wählen, ob buntes Durcheinander, eine Sammlung von Raritäten oder eine Kollektion einer bestimmten Farblinie, es wird immer stimmungsvoll aussehen.

Für mein Dahlien-Zimmer habe ich viele verschiedene Blütenformen des Farbspektrums Purpur gewählt. Die eingestreuten Spinnenblumen *(Cleome spinosa)* der Sorte 'Senorita Rosalita' (150 cm) blühen den ganzen Sommer lang und schenken dem Dahlienbeet feine Duftigkeit. Sie sind einjährig und glänzen mit filigranen, orchideenähnlichen, rosavioletten Blüten und Samenschoten, die wie Sprühstrahlen weit abstehen. Tea Time auf leuchtend blauen Gartenmöbeln ist – bei kühlen Temperaturen in Wolldecken eingehüllt – wie ein beglückender Theaterbesuch.

In meinem Dahlien-Zimmer sammle ich Schönheiten in Purpurtönen, streue die Spinnenblume 'Senorita Rosalita' ein und genieße das Schauspiel ausgiebig wie einen glanzvollen Theaterbesuch.

Manche mögen's heiß

Hier brennt's! Das heiße Beet lodert in den leidenschaftlichsten Herbstfarben der Staudenwelt und das Jahr für Jahr. Hier schäumt Temperament im Beet bis auf den Weg. Ein Spaziergang entlang dieses Laufstegs glühender Farben würde uns Gärtner/-innen selbst bei kühlsten Temperaturen in Wallung bringen und die optische Hitze körperlich spüren lassen. Wie einst Marylin Monroe in »Some like it hot«: Dieses Beet ist ein heißer Feger!

Brennende Gartenliebe

Rot und Orange mit einer Prise Pink und Lila gemixt: Das nenn ich Temperament im Beet! Nehmen wir die Parade der glühenden Teilnehmerinnen ab, die alle volle Sonne lieben. Ganz vorne leuchtet in furiosem Orangerot die Montbretie (Crocosmia) 'Severn Sunrise'. Sie wird 60 bis 120 Zentimeter hoch. Da geht die Herbstsonne im Beet auf, vorausgesetzt, genü-

Das furiose Farbfinale einer Prachtrabatte aus den stärksten Farben, die der Herbst aufbietet, ist als meisterliche Paukenschlag-Symphonie komponiert.

gend »Sonnenaufgänge« dieser Art wurden gepflanzt.

Die länglichen, purpurroten Feuerzungen gehören dem 60 bis 100 Zentimeter hohen Kerzen-Knöterich mit dem langen botanischen Namen *Persicaria amplexicaulis* 'Taurus'. Er ist auch als 'Blotau' im Handel. Dahinter lugen eine paar lustige Gesichter der Kokardenblume *(Gaillardia)* in ihrem typischen gelb-roten Ringellook hervor.

Ein wichtiger Star ist das schokoladenblättrige Purpur-Kreuzkraut *(Ligularia dentata)* 'Britt-Marie Crawford' (60–120 cm), das ich Ihnen schon in meinem Buch »Eleganz im Beet« als unverzichtbaren Blickfang ans Herz gelegt habe. Die fast schwarzen Tellerröcke mit violetter Unterseite und darüber goldenen Blütendolden sind ein Show-Stopper! Aber sie brauchen immer ihren Champagner in Form von Gießwasser.

Schau der Blickfang-Farben

Hinter der dunklen Schokoladenseite des Beetes stellt sich *Phlox paniculata* 'Otley Choice' (75 cm) mit seinem Neonpink

zur Schau. Obwohl er, verglichen mit den anderen Stauden, nicht so viele Blüten zeigt, hat seine scheinbar fluoreszierende Farbe einen starken Effekt als »Eye-catcher«. Ähnliches leisten die niedrige Phlox-Sorte 'Pink Flame' (40 cm) oder die frühe 'Aida' (80 cm), aber auch im Juli/August etwas mehr ins Violette tendierend 'Le Mahdi' (80 cm) oder zum guten Schluss der späte 'The King' (90 cm).

Phlox als altbekannte Bauernblume haben die Züchter stark aufgehübscht und schon Karl Foerster meinte, ein Garten ohne Phlox sei ein Irrtum. Der Bäuerin neue Kleider sind heute schön knallig und so wird mit ihr im temperamentvollen Beet von Juli bis September »durchgeblüht«.

Nun folgt quer durchs Beet – vom Weg bis zum Hintergrund – ein wahrer Herbstschatz, nämlich die Sonnenbraut *(Helenium*-Hybride) 'Biedermeier' mit ihren 120 Zentimetern Höhe. Mit ihren braunen Augen und den kräftig roten Zungenblüten, die sich nach außen hin zu einem Goldgelb wandeln, erzielt sie eine orangefarbene Fernwirkung. Zwar sind die Blüten klein, erscheinen aber in großer Zahl, deshalb kann die Biedermeier-Braut als wirklich reichblühend ausgezeichnet werden. Sonnenbräute stammen aus den Weiten der nordamerikanischen Prärie und haben

längst als farbenfrohe *Helenium*-Hybriden ihren Weg zu uns gefunden. Mit ihrer Fülle an Blüten im Farbspektrum Gelb, Orange bis Rubinrot zaubern sie alljährlich einen »Indian Summer« in unsere temperamentvollen Beete.

Der Takt macht die Musik

Das heiße Pracht-Beet zeigt, wie man Stauden effektvoll kombiniert. Auf den ersten Blick sind es die starken Farben, die uns in ihren Bann ziehen. Aber es ist die Regie im Hintergrund, die unser Auge führt, die Anordnung der Pflanzen. Wiederholungen von Formen und Farben führen den Rhythmus einer Rabatte. Runde Tuffs und gestreckte Drifts reihen sich im Takt aneinander. Die Farbklänge sind dynamisch abgestimmt und ergeben eine beschwingte Melodie, unvergesslich wie ein musikalischer Ohrwurm.

Die Höhenstaffelung bringt die dritte Dimension ins Beet und modelliert es zu einer lebendigen Skulptur. Aber im temperamentvollen Beet wollen wir keinen Harmoniebrei, sondern richtig Musik. Da kann ein schwarzer Paukenschlag hier oder ein schrilles Flöten-Pink dort der Sache den gewünschten Pfiff geben. Hellgrüne, schlanke Strauchsäulen können feste Kontrapunkte setzten. Komponieren Sie mit Mut und alles wird gut!

Strahlende Gesichter

Kreisrund angeordnete schmale oder spitze Blütenblätter, radiär um den Mittelpunkt versammelt, wirken wie Miniatursonnen im Beet. Korbblütler wie Astern haben kleine und Dahlien große strah-

lende Gesichter. Auf jeden Fall lächeln alle glänzend um die Wette im temperamentvollen Farbfinale. Diese Blütenform ist neben den kräftigen Farben das Geheimnis ihrer herbstlichen Strahlkraft.

Nutzen Sie diese Dauerstrahler für nachhaltiges, glückliches Leuchten im großen Schlussakkord ihres Gartens.

Sternblumen für einen bunten Himmel auf Erden

Der Gattungsname »Aster« leitet sich von lateinisch »astrum« ab und bedeutet

»Stern«. So hießen Astern früher zu Deutsch »Sternblumen«: welch passender Name! Für unser temperamentvolles Farbfinal-Beet sind etliche Herbst-Astern im Angebot. Von niedrigen Kissen-Astern (30–50 cm) über die Halbhohen (50–100 cm) bis zu den Riesen (100–150 cm) reicht die Palette der Sterntaler. Aber Vorsicht! Nur die Farbenprächtigen kommen uns ins Beet und keinesfalls müde Töne, die der Strickjacke einer mürrischen alten Dame gleichen.

Besonders geeignet sind Raublatt-Astern (Aster novae-angliae), auch »Neuenglische Astern« genannt, die sich im Gegensatz zu den Glattblatt-Astern durch eine gute Resistenz gegen Mehltau auszeichnen. Im Beetbeispiel links überzeugt folgende Kombination: vorne die Sorte 'Rubinschatz' (140 cm), sie ist ein Karl-Foerster-Schätzchen aus dem Jahre 1960. Der Klassiker in leuchtendem Pink braucht manchmal allerdings etwas Stütze. Dahinter erhebt sich mit guter Fernwirkung

Mit klangvollen Namen und prachtvollen Farben holen diese Astern Sterne vom Himmel: vorne 'Rubinschatz', rechts 'Royal Ruby' und im Hintergrund 'Violetta'. Das weiche Gras im Beet ist das Lampenputzergras (Pennisetum alopecuroides) 'Hameln'.

und dunkelviolettem Blütenschmuck 'Violetta' (140 cm). Sie blüht unermüdlich von August bis Oktober. Eine sehr standfeste Sorte ist die Glattblatt-Aster *(Aster novi-belgii)* 'Royal Ruby', rechts am Beetrand, mit einer Größe von 60 bis 90 Zentimetern und halbgefüllten, weinroten Blickfang-Blüten. Mit solchen Sternen-Stars lässt es sich himmlisch im herbstlichen Beet schwelgen!

Ein Sternen-Banner weist den Weg

Rot und Blau ist ein besonders energischer Kontrast und keine sehr gängige Farbkombination. Warum eigentlich? Vielleicht kommt sie maskulin oder gar martialisch daher. Für ein temperamentvolles Beet ist das aber absolut kein Hindernis, denn wir Mutigen sind entschlossen, Kraftvolles auf die Beine zu stellen. Es kommt immer auf den Kontext an. Der hellgraue Wegbelag (Foto rechts) hat eine fast weißliche Komponente, die den blauen Streifen aus Astern und die roten Dahliensterne zu einem machtvollen Sternenbanner vereint: Die Supermacht USA lässt huldvoll grüßen! Einst symbolträchtig entworfen, steht Weiß für Reinheit und Unschuld, Rot für Tapferkeit und Widerstandsfähigkeit, Blau für Wachsamkeit, Beharrlichkeit und Gerechtigkeit. Damit können sich Mutige identifizieren. Aber auch Gärten stehen solche Attribute.

Die auffällig dunkelroten Star-Blüten gehören der Kaktus-Dahlie 'Summer Night' (= 'Nuit d'Été'). Besonders in Gruppen gepflanzt, ist ihr Ausdruck kühn und selbstsicher. In diesem Sinne eröffnet sie den Sternenbanner-Weg. Ihr folgt auf der rechten Seite die Hirschgeweih-Dahlie 'Ambition', die als Ehrgeizige mit ihrem violett bis pinkfarbenen Kopfschmuck den

Wettbewerb »Wer ist die Schönste im Land« gerne aufnimmt. Links punktet die feuerrote *Dahlia* 'Contessa' mit Stolz und guter Fernwirkung.

Von diesem Wettstreit unberührt zeigt sich vorne die knallrote Edel-Gladiole *(Gladiolus)* 'Hunting Song' und fühlt sich bereits als Siegerin. In taktvollen Tuffs

sorgt die großblütige *Aster × frikartii* 'Mönch' (80 cm) mit ihrer blauen Farbe wie ein Schiedsrichter für die Tugend Gerechtigkeit.

Wie das machtvolle Sternenbanner entrollt sich diese farbgewaltige Herbstflagge.

Rotkohl ist nicht nur ein starker Kerl im Gemüsebeet, sondern beglückt mit seiner stattlichen Figur und Farbe auch humorvoll und beeindruckend farbkräftige Blumenbeete.

Erntedank der Farben

Temperamentvolle Gärtner und Gärtnerinnen hatten bereits im Frühling und Sommer eine reiche Ernte: farbenfrohe Beete, die unendlich viel Gartenfreude und Glück geschenkt haben. Auch im Herbst zeigen unsere Blumenbeete in ihrem Farbfinale wieder großartige Höhepunkte. Warum nicht auch Mut zur Farbe im Nutzgarten beweisen? Oder ganz keck Gemüse als essbare und farbkräftige Dekorationen in die Blumenbeete setzen? Eines der Geheimnisse, warum wir unseren Garten so lieben, ist die Freiheit, tun und lassen zu können, was wir möchten. Machen Sie's!

Rotkohl ist kein Kappes

Auf gut Kölsch heißt Kohl »Kappes« und ist ein Synonym für Unsinn. In temperamentvollen Beeten ist er jedoch alles andere als das. Haben Sie sich Rotkohl schon einmal genauer betrachtet? Ich meine, nicht so einen käuflichen roten Glatzkopf aus dem Supermarkt, sondern diese Prachtexemplare mit den riesigen Hüllblättern. Eine Freundin von mir hat so einen Rotkohl-Kopf in Öl porträtiert und mir die Augen für diese Kunstwerke der Natur geöffnet.

In unserem Beispielbeet (Foto links) liegt der Nutzen des Rotkohls mehr auf seiner prachtvollen Schönheit als dem Genuss in der Küche. Seine erste Funktion ist, attraktiver Lückenfüller zu sein, und dann spielt er sich so lange in den Vordergrund, bis er die Hauptrolle übernommen hat.

Ein schönes Paar bildet Rotkohl mit der schlanken Scharlach-Lobelie (Lobelia) 'Queen Victoria' (Foto links), die ihn mit 60 bis 80 Zentimetern Höhe deutlich überragt. Ihre dunkelroten Blätter und knallroten Blütentrauben verleihen ihr einen exotischen Ausdruck. Das Beet ist schön wie gemalt. Im Hintergrund fangen die schmalen, lila Kerzen des Anis-Ysop (Agastache foeniculum, 60–120 cm) sowie links der Muskatellersalbei (Salvia sclarea, 80–150 cm) die Sonnenstrahlen ein. Gelbe Tagetes sowie Goldmarie (Bidens ferulifolia) tupfen Lichter ins Beet.

Altes Gemüse ganz modern

Mangold ist ein spinatähnliches Gemüse mit bis zu 30 Zentimeter langen, auffällig runzeligen Blättern. Es gibt Sorten mit hohem Zierwert, die dank ihrer roten und gelben Stängel im Gemüsebeet und in der Rabatte dekorative Akzente setzen und dabei auch noch essbar sind. Eine farbige Mangold-Saatmischung heißt 'Bright Lights' und die rote Variante treffend 'Vulkan'.

Die rote Lobelie 'Queen Victoria' macht auch hier (Foto rechts) in flotten Drifts mit ihren feuerroten Blüten eine gute Figur. Rotblättriger Bronze-Fenchel (Foeniculum vulgare) 'Atropurpureum' verleiht mit seiner Höhe von 150 Zentimetern noch mehr Dimension und seine feinfiedrigen Blätter steuern Leichtigkeit bei. Wenn noch im Hintergrund mit orangefarbenen Kaktus-Dahlien die Sonne aufgeht, ist das Beet perfekt.

Mangold mit gerüschten Blättern ist dank seiner roten und gelben Stiele nicht nur köstliches Gemüse, sondern auch gleichzeitig ein attraktiver Partner im Beet. Die rotblättrige Lobelie 'Queen Victoria' malt mit ihren knallroten Blütentrauben immer willkommene, leuchtende Farbtupfer.

Blickpunkte

Farbgiganten

Farbgiganten sind Riesenpflanzen, die durch ihre verblüffende Größe wie blühende Wolkenkratzer wirken oder mit kolossalen Blättern Dschungelatmosphäre schaffen. Sie fesseln magisch unseren Blick und verleihen Beeten mit ihrer imposanten Statur ungeheure Wucht.

Farb-Riesen setzen kraftvolle Akzente

Gartengiganten – ob Megastaude oder Ein- und Zweijährige, die im Turbotempo wachsen – sind die ganz großen Temperamentbündel im Beet. Ihre enorme Größe setzt mit bunten Riesenblättern und gewaltigen Blütenständen kraftvolle Farbakzente. Sie beeindrucken uns durch ihre machtvolle Präsenz. Hier heißt es Mut zur Farbe und noch mehr Mut zu den Titanen der Gartenarena. Auch das Gartenvolk will Brot und Spiele!

Was ist ein eigentlich ein Farbgigant? In erster Linie ein Garten-Goliath mit einer Größe von 180 Zentimetern und mehr, ja bis zu drei Meter in der Spitze können sie erreichen. Sie haben Blütenstände mit intensiven Farben und/oder überraschen mit überlangen Blütenrispen mit Ausmaßen von bis zu einem Meter. Oder aber diese Gartenhünen verblüffen durch ihre kolossalen Blätter im häufig rötlichen Farbspektrum.

Supermodel und Supermann im Blumenbeet

Die Recken der Staudenwelt garantieren Opulenz im Beet, weil ihre schiere Größe nicht nur massiv Farbe einbringt, sie betonen mit ihrer Höhe das Vertikale und eröffnen neue Dimensionen im Beet. Die hohen, schlanken Blütenstände strecken sich wie farbenfrohe Supermodels aus der Masse der Beetbewohner und gleichen leuchtenden Lichtstäben, die über den Dingen schweben. Ob knallblauer Rittersporn, sonnengelbe Steppen- und Königskerzen oder feuerrote Stockrosen, sie alle erheben ihre Farbfackeln wie von einem Künstlerpinsel ins Beet gemalt. Neben der Farbmenge ihrer Blüten ist es ihre lang gestreckte Form, die wie ein Ausrufezeichen lauthals Temperament im Beet verkündet.

Als Supermänner, die ein Beet fest im Griff haben, treten Blätter-Muskelprotze auf, wie Rizinus mit seinen Riesen-Blattfingern oder das Indische Blumenrohr (Canna) mit paddelgroßem Laub. Ihr schnelles Wachstum grenzt an Zauberei. Diese Giganten lieben nur schöne Sonnentage und sind ein flüchtiger, aber umso heftigerer Sommerflirt im Beet. Ihr sagenhaftes Temperament hat jedoch eine zeitliche Komponente: Ihr Leben ist kurz, aber dafür umso wilder gefeiert.

Turmhohe Gestalten

Was machen Farbgiganten im kleinen Garten? Einen Riesenspaß! Das Prinzip von Inneneinrichtern, kleine Räume mit wenigen großen Möbeln optisch auszuweiten, findet auch im kleinen Garten seine Anwendung. Ein paar ranke, turmhohe Megastauden lenken den Blick aufwärts und erweitern den Gartenhorizont. Ein großer, roter Rizinus macht aus einem Dahlienbeet einen tropischen Dschungel, der kolossal wirkt. Unser Gehirn baut diesen visuellen Eindruck in seine Erfahrungswelt ein. Es entsteht die Nachricht: »Dies hier ist etwas ganz Großes.«

Sie brauchen keine Angst zu haben, dass diese Farb-Riesen Ihr Beet oder gar Ihren Garten »erschlagen«. Sie bringen zwar durch ihre Größe viel Farbe ein, aber diese ist doch meist von eher dezentem Ton, der sich erstaunlich gut in den Beet-Kontext einfügt. Temperament hat ja schließlich auch immer Witz und Humor. Ein Gartenriese kann wie einst Gulliver auf seinen Reisen wirken und reizt uns zum Lachen. Nehmen Sie sich also unbesorgt den Mut für Giganten und Ihre Gartenwelt wird neu geschaffen!

Zieht sich die gute, alte Stockrose neue, knallbunte Kleider an, überrascht sie mit ungewohntem Temperament und zusammen mit vielen, guten Freundinnen geht die große Gartenparty ab!

Blaublütige Kavaliere

Die blauen Ritter von der herrlichen Gestalt haben wohlklingende Namen: 'Amorspeer', 'Lanzenträger' oder 'Tempelgong'. Die ganz Großen heißen *Delphinium elatum*. Ihr Gattungsname leitet sich aus dem Griechischen ab, weil die Blütenknospe einem Delphin gleicht und *elatum* bedeutet »erhaben«. Auch in der Gruppe der *Delphinium*-Pacific-Giant-Hybriden gibt es wahre Hünen. Ich behaupte: Alle Gärtner und Gärtnerinnen lieben den Anblick von Rittersporn, aber sie wissen auch, dass solch starke Männer gut behandelt sein wollen. Für temperamentvolle Beete sind starke Blautöne und gewaltige Höhen von über zwei Metern ideal und am liebsten setzt man eine ganze Prachtparade edler Ritter ein.

Blaue Husaren – stillgestanden!

Dieses Blau! Wie sagte schon der deutsche Staudenpapst Karl Foerster? »Ein

Eine ganze Kompanie von blauen Rittersporn-Husaren hat ihren großen Auftritt in der Beetmitte. Pfingstrosen- und Iris-Damen spielen gerne die hübschen Bräute.

Leben ohne Rittersporn ist ein Fehler.« Seinen ersten Rittersporn (*D. elatum*) aus eigener Zucht nannte er passend 'Berghimmel'. Der ist himmlisch hellblau und mit 180 Zentimetern ein echter Himmelsstürmer. Genauso groß ist 'Jubelruf', dessen strahlend mittelblaue Blüten mit weißem Zwinkerauge wahre Jubelrufe auslösen. Das schafft auch 'Lanzenträger' mit seinen enzianblauen Blüten und hellwachen Äugelchen. Aber der Offizier und Gentleman in der Truppe ist 'Tempelgong'. Mit einem Gardemaß von fast zwei Metern und seiner blauvioletten Husarenuniform ist er eine imposante Erscheinung, ja eine vitale Autorität im Beet. Diese alte Foerster-Sorte ist ein echter Kämpfer und blüht nach radikalem Rückschnitt erneut.

Kein Sieg ohne gutes Quartier

Wer so hart arbeitet, rasch wächst und den Sommer lang blüht, der braucht guten Boden. Wie bereits im Pflanzenporträt (Seite 48) beschrieben, sind bei großen Rittersporn gutes Futter und Sonne Lebenselixiere: fetter Boden, fetter Dünger, viel Wasser. Schneckenschutz und Stützstäbe nicht vergessen.

Ritter brauchen immer Platz im Beet und alle drei bis fünf Jahre wollen sie ihren Standort wechseln und geteilt werden. Bekommen sie ihren Sold, zählen Rittersporne zu den größten, prächtigsten und temperamentvollsten Gartenstauden überhaupt.

Ein Ritter allein ist ein armer Ritter. Viele Mannen braucht es, um einen richtigen Auftritt mit allen Ehren zu erreichen. Rittersporn nur einer Sorte in dicken Tuffs gepflanzt, wirken oft statisch und manchmal etwas zu mächtig. Daher in einer engeren Gruppe lieber unterschiedliche Blautöne und Höhen wählen, damit die Rittergruppe nicht martialisch, sondern lebendig daherkommt.

Mir gefällt die Anordnung in der linken Abbildung: Rund um die Stammgruppe in brillanten Farbsorten tanzen einige Ritter aus der Reihe. Die Vor- und Nachhut lockert die Truppe auf. Die changierenden Farbnuancen von Himmelblau bis zu einem Mitternachtsviolett bringen Spannung in Beet. In ihrer Form werden sie von den langen Fingerhüten verstärkt, die ähnliche Staturen aufweisen. Einen farblichen wie figürlichen Kontrapunkt setzen die pinkfarbenen Pfingstrosen mit ihren molligen Köpfen, während sich die gelben Iris deutlich mutiger den blauen Rittern nähern.

Aber wie so oft gilt: Nur in der Ruhe liegt die Kraft. Die grüne Hecke, die kugeligen Formschnitte, die graugrünen *Sedum*-Blätter sowie die straffe Euphorbie bilden das grüne Parkett, auf dem die Ritter sich perfekt präsentieren können. Das gesamte Beet wirkt zwar nicht gerade heißblütig von den Farben her, aber »stille Wasser sind tief«. Man spürt die vitale Energie und eindrucksvolle Stärke einer klassischen und damit bewährten Pflanzenverbindung: ein Dauerbrenner.

Rassige Amazonen fürs Beet

Das weibliche Gartenpendant und eine farbliche Alternative zu den blauen Rittern sind rosarote Stockrosen (siehe Seite 107). Das Malvengewächs *Alcea rosea* ist eine wüchsige und aufrechte Staude, die gut und gerne bis zu 250 Zentimeter Höhe erreicht. Stockrosen lieben Sonne, frischen, aber wasserdurchlässigen Boden und Kalk. Wegen ihrer enormen Größe lehnen sie sich gerne an, z.B. an Zäune. Besonders die einfachblühenden Saatgutmischungen bringen temperamentvoll farbkräftige Amazonen hervor, die schon von Weitem leuchten. Die fast verruchten, schwarzen Seidenblüten von *Alcea rosea* 'Nigra' beglücken ein Beet mit einer Prise Sex-Appeal. Wie die blauen Ritter wirken Stockrosen am besten in wilden Horden und dies als bunte Kämpferinnen.

Im Reich der roten Riesen

Zwei riesige rote Freunde machen eine tolle Figur im Beet: Rizinus und Garten-Amarant. Zudem signalisiert die Farbe Rot immer ein kräftiges Temperamentpotential für alle Beete. Allzu viel Mut braucht es nicht, um aus kleinen Samentütchen rote einjährige Riesen zu ziehen. Bei kleiner Investition können Sie jedes Jahr neu entscheiden, wo und wie viele märchenhafte Recken Sie in Ihr Beet lassen.

Der bronzefarbene Titan

Ganz verliebt bin ich in den roten Prinzen *Ricinus communis* 'Carmencita'. Wegen seiner männlich, stattlichen Figur (200–300 cm) würde ich diesen roten Rizinus auf keinen Fall als »Kleine Carmen« titulieren, wie der spanische Namen nahelegt. Lieber wäre mir Don José.

Diese Ölpflanze hat dekorative tief bronzerote Blätter, die perfekt zur Sonne ausgerichtet werden. Ihre Riesenhände mit vielen Fingern positionieren sich mit langen Stielen am kräftigen Stängel wie glänzende Schutzschilde tapferer Krieger. Aufgrund dieser markanten Blätter wird die Pflanze auch »Palma Christi« genannt: die Hand Gottes.

Aus den roten Blüten entwickeln sich spektakuläre, knallrote Stachelfrüchte, die an tropische, litschiähnliche Früchte erinnern. Darinnen stecken Nüsse, deren Ölextrakt für seine fatale medizinische Wirkung allgemein bekannt ist. Imposante Statur und intensive Farbe weisen diesem roten Titan die Heldenrolle zu, für mich immer der »Boss« im sommerlichen Prachtbeet, wie das Pflanzbeispiel links beweist. Partner auf Augenhöhe sind hier hohe Dahlien und die rosa Spinnenblume (*Cleome spinosa*). Zu Füßen tummeln sich Strohblumen und orangerote Montbretien. Sie weben einen kunterbunten Blütenteppich für den großen Star.

Rizinus, der rote Riese mit den großen Händen, türmt sich als »Boss« im Beet auf. Purpurne Amarant-Finger zeigen in die Höhe und rote Dahlien glühen in erstaunlicher Stattlichkeit.

Ab März zur Anzucht die Samen 24 Stunden quellen lassen und bei 21 °C einzeln in Töpfe setzen. Jungpflanzen werden bei ca. 13 °C weiter kultiviert und in breitere Töpfe umgesetzt. Nach Ende der Frostgefahr werden die Pflanzen ins Beet gesetzt. Meistens hat man mehr Exemplare, als gebraucht werden. Im Frühling pflanze ich daher zunächst sehr viele Jungriesen in mein »heißes Border«, damit es gleich schön voll aussieht. Sowie sich Rizinus und die anderen Pflanzen dann entwickeln, grabe ich die überflüssigen Hünen wieder aus und gebe sie an Gartenfreunde weiter.

Tanz auf dem Vulkan

Amarant ist eine alte Nutzpflanze, stammt aus den Anden und Mittelamerika und wird gerne als »Wunderkorn der Azteken« bezeichnet, da sie einen hohen Nährwert hat. Seit gut 20 Jahren wird Amarant in Bioläden als gesunder Getreideersatz angeboten. Für den Ziergarten sind die hängenden, intensiv roten bis purpurfar-

benen Blütenrispen und Samenstände des Garten-Fuchsschwanzes, wie Amarant auch genannt wird, ein echter Hit.

Die Einjährigen sind leicht aus Samen vorzuziehen. Nach den Eisheiligen werden die Pflanzen in das temperamentvolle, vollsonnige Beet gesetzt. Dort liefern sie von Juni bis zum Frost eine rauschende

Farbschau ab, die an den Karneval in Rio erinnert, und tanzen den ganzen Sommer.

In unserem Beispiel (rechtes Foto) züngeln temperamentvoll die dunkelroten Blüten-Finger von *Amaranthus cruentus* 'Oeschberg' (100 cm) in einem sonst eher »braven« Staudenbeet. Der rosa Sommer-Salbei *(Salvia nemorosa)* 'Ame-

thyst' und in Blau die Sorte 'Tänzerin' bilden schlichte, vertikale Linien und der furiose Amarant macht hier ordentlich Feuer und heizt diesem Beet mächtig ein. Als Einjähriger spielt 'Oeschberg' keineswegs den Lückenfüller, sondern ganz klar die Hauptrolle. Jede Amarant-Sorte ist ein Überraschungspaket an wilder Form und Farbe – feurig wie ein Vulkan.

Amaranthus cruentus 'Oeschberg' führt mit seinen blutroten Spitzenbündeln eine glühend heiße Vulkaneruption auf kleinem Beetraum vor. Die dunkelrot überhauchten Blätter unterstreichen den Auftritt.

Eine Steppenkerze kommt selten allein. Ihre strahlende Wirkung entfaltet sich erst richtig, wenn sie im Team auftritt.

Supermodel gesucht?

Langbeinig, blond und Riesen-Ausstrahlung: So stöckelt die Steppenkerze *(Eremurus)* durchs Beet und bringt den Duft der weiten Welt auch in kleine Gärten. Sie wird auch Kleopatra-Nadel genannt, dieser Titel unterstreicht ihre atemberaubende Schönheit und ihr exzentrisches Naturell. Gertenschlank, mit einem Gardemaß von 200 bis 250 Zentimetern Größe und einem bis zu einem Meter langen Blütenschweif ist *E. robustus* das Riesenmodel unter den Steppenkerzen. Ein Solitär, eine kleine Gruppe oder ein ganzes Defilee dieser Gazellen und schon wird aus Ihrem ganz normalen Beet ein »Catwalk« der Garten-Haute-Couture. Voilà!

Kerzengerade Laser-Fackeln

Die flammengleichen Blütenschweife in goldenen Farbtönen wirken wie magische Leuchtschwerter aus einem Zukunftsthriller. Die Blütenkolben sind rundherum mit gestielten Sternblüten in dichten Trauben besetzt und die auffälligen, abstehenden Staubblätter verbreiten prickelnde Champagnerlaune. Wiegen sich diese edlen Blütenstände im Juni und Juli sanft im Sommerwind, geht von ihnen ein ganz besonderer Zauber aus.

Steppenkerzen sind echte Senkrechtstarter mit festen Stängeln ohne Blätter und könnten eigentlich auch »Steppenraketen« genannt werden. Die am Boden stehenden Blattschöpfe werden schnell unansehnlich und man sollte sie durch nette Nachbarstauden kaschieren. Überhaupt gilt ein bisschen: oben hui und unten pfui. Die fleischigen Wurzelknollen haben die Form einer hässlichen Krake und sind zudem sehr bruchempfindlich. Nach dem Kauf im September, bei einer vertrauenswürdigen Quelle, sollten sie gleich in guten tiefgründigen und durchlässigen Boden gepflanzt werden.

Bei schwerem Boden hebt man ein großes Pflanzloch aus, füllt dies mit einer Mischung aus gutem Boden und grobem Sand oder Kies. Aus dem sandigen Mix wird ein Hügel aufgeschüttet. In diese Pyramide buddelt man ein 10 Zentimeter tiefes und breites Loch. Darin setzt man vorsichtig die zarten Steppenkerzen-Rhizome und bedeckt sie mit nährstoffreichem, durchlässigem Bodensubstrat. Im Herbst und Mai nimmt das Gartenmannequin gerne eine milde Gabe organischen Düngers oder Kompost an, damit es ein Supermodel wird.

Show Time!

Keine andere Pflanze liefert eine so atemberaubende Show auf so kleinem Fußraum wie die Steppenkerze. 'Yellow Giant' erreicht als goldgelbe Gewinnerin zwei Meter Höhe. Wie an Marionettenfäden schweben die langen Blütenschweife über allen Pflanzenpartnern, die zur gleichen Zeit blühen, und lassen diese ein wenig wie Statisten aussehen. Deren Aufgabe im temperamentvollen Beet ist es ohnehin, den Glanz der Diva zu verstärken. Intensive Farben, z. B. ein starkes Violett oder noch besser ein Krönungsrot, wie im Pflanzbeispiel links, eignen sich dazu besonders.

Die Steppenkerze wirkt am besten ohne direkte Konkurrenz mit anderen Diven,

wie Lilien oder Iris, die zum Zickenkrieg aufrufen. Rittersporn ist ein Traumpartner und hohe Katzenminzen bereiten ein duftiges Bett im Beet. Auch Strauchrosen mit ihren dicken Blütenbüscheln hofieren das extravagante Model.

Eine Idealbesetzung ist roter Bartfaden (*Penstemon*) 'Andenken an Friedrich Hahn'. Dieser reich und lange blühende Feuervogel ist scharlachrot, von guter Fernwirkung und entfacht eine heiße Glut unter den Steppenkerzen-Fackeln (siehe Foto unten). Einzeln stehende Kerzen, gerne vor dunklem Hintergrund, lassen das Auge im Beet umherspringen, während eine dichtere Gruppe die ganze Aufmerksamkeit auf sich zieht.

Neben dem gelben Klassiker *E. stenophyllus* zünden vor allem Hybriden das Beet-Feuer an. *E.* × *isabellinus*-Hybride 'Cleopatra' leuchtet kräftig orangegelb wie die untergehende Sonne. Ihre Blütenblätter tragen außen einen dunkelroten Streifen (wie einst der Eyeliner der schönen Kleopatra aus Ägypten) und verstärken die intensive Farbe.

Steppenkerzen werden auch Kleopatra-Nadeln genannt und sie lieben wie einst die ägyptische Herrscherin die glanzvolle Show.

Gigantisch tropisch

Das feucht-warme Klima der Tropen lässt dort Pflanzen von gigantischen Ausmaßen gedeihen. Nicht der Klimawandel mit feucht-heißen Sommernächten macht in unseren Breiten ein Tropen-Ambiente möglich, sondern ambitionierte Gartenliebhaber. Geschickt einige Tropenriesen ins heimische Beet platziert, und fertig ist der Traum vom Urlaub an fernen Stränden, ohne den Fuß in ein Flugzeug zu setzen oder über die eigene Klimabilanz nachdenken zu müssen. Da freut man sich einfach gigantisch!

Tarzan ist wieder da!

Die Banane, Lieblingsfrucht der Deutschen, ist seit der Entdeckung ferner Kolonien Sinnbild tropischen Urwalds, der köstliche Genüsse bereithält. Diese Früchte im eigenen Garten zu ernten, dazu reicht das neue Wetter nicht, aber tropische Gefühle ruft der Anblick der roten Riesen-Banane auf jeden Fall hervor. Und um starke Gefühle geht es im temperamentvollen Beet immer!

Das Prachtexemplar im Zentrum der abgebildeten Rabatte ist die Rote Zier-Banane mit dem klingenden Namen

Ensete ventricosum 'Maurelii'. Diese schmucke Afrikanerin aus Abessinien hat dunkelrot-grüne Paddelblätter, die sich zum Himmel recken. Ein solch prachtvolles Gewächs wirkt als Solist auf der Tropenbühne besonders eindrucksvoll. Zwei ebenfalls exotisch wirkende Mitspieler für einen tollen Tropeneffekt sind Roter Rizinus und der mondäne Rote Fuchsschwanz (*Amaranthus caudatus,* siehe auch Seite 110). *Ricinus communis* 'Carmencita', wegen seines dramatischen Wachstums auch Wunderbaum genannt, ist eine echte Persönlichkeit von zwei Metern Höhe und riesigen, roten Fingerblättern.

In den unteren Beet-Etagen sorgen »normale Pflanzen« aufgrund ihres Aussehens und in dieser exzentrischen Kombination für ein Tropen-Feeling in unseren Breiten. Der Rote Grünkohl 'Red Bor' hat zwar krause Blätter, wie die »norddeutsche Palme« genannte grüne Grundform, zeigt aber ebendiese überraschend heiße Farbe. Kleiner Tipp: Ernten Sie diesen roten Eber nicht, denn er schmeckt scheußlich! Belassen Sie ihn im Winter im Beet und im nächsten Frühling schiebt er bombastische, schwefelgelbe Blüten-

stände. Die strahlen hoch über dem Beet und lassen die Sonne auch an bedeckten Frühjahrstagen aufgehen. In Kombination mit dicken lila Blütenbällen des Riesen-Zierlauchs (*Allium* 'Globemaster', 90– 100 cm) hätten Sie eine sensationelle Frühlings-Weltneuheit, wie bei mir durch Zufall entstanden!

Gleich doppelt sorgt die Dahlie 'Bishop of Llandaff' farblich für einen Knalleffekt in diesem Beet: mit feuerroten, bis in die Ferne leuchtenden Blüten sowie exotisch anmutenden schwarzroten Blättern. Massen von intensiv violetten Blütenknäulen des Schleier-Eisenkrauts (*Verbena bonariensis*) streuen in luftiger Höhe vibrierende Farbpunkte ein. Wow! Aber wichtig: Für einen solchen Effekt sind ganz viele lila Pünktchen notwendig. Vorne im Beet übernehmen die hellen Puscheln des Kleinen Lampenputzergrases (*Pennisetum alopecuroides*) 'Hameln' das Strahlen. Was für ein Farbdschungel!

Eine rassige Tropenkönigin braucht Tamtam

Die Rote Banane läuft zur Höchstform auf, wenn sie direkt ins Beet an einen halbschattigen Standort ausgepflanzt wird. Eine Sprühbewässerung würde die geliebte Luftfeuchtigkeit garantieren. Ein Superstar oder besser Megastar braucht

eben ein paar luxuriöse Extras, die sich aber immer lohnen.

Wenn die Temperatur auf etwa 5 °C absinkt, kommt die Banane in den Keller, ihr Winterdomizil. Dazu werden die Blätter stark eingekürzt, auch der sogenannte Speer, aus dem sich die Pflanze entfaltet. Die unteren Wurzeln werden abgestochen und der Ballen erheblich verkleinert. In einen großen Topf ca. 5 cm hoch sehr lockere, trockene Torferde einfüllen und den Wurzelballen daraufstellen. Keine Erde auffüllen, stattdessen das Bananen-Rhizom mit einem Sack umhüllen, den man den ganzen Winter über feucht hält. Licht braucht die Banane jetzt nicht.

Nach den Eisheiligen im Beet auspflanzen und ab geht die Post! Schnell schieben die riesigen Paddelblätter in die Höhe. Alle 14 Tage eine Handvoll Blaukorn, in 10 Liter Wasser aufgelöst, auf den zuvor gut befeuchteten Boden gießen. So erreicht die Rote Banane schnell bis zu vier Meter Höhe und ist vom Sommer bis zum Frost eine riesige Augenweide.

Drama, Drama, Drama! Rote Riesen-Banane mit tropischen Zutaten, wie Rizinus und Garten-Amarant, verwandelt dieses deutsche Beet in einen exotischen Cocktail.

Fackeln im Sturm

Nicht nur Schockfarben sind tolle Temperamentbringer fürs Beet. Manchmal ist es neben der schieren Größe eine imponierende Gestalt, die eine Pflanze als monumentale Statue erscheinen lässt. Ein Paradebeispiel ist die Kandelaber-Königskerze *(Verbascum olympicum)*, die mit ihren 220 Zentimetern Höhe ein glanzvoller Titan im Beet ist und farblich ein Gewinner olympischen Gartengoldes.

Gelbe Lichtgestalten

Aus einer bodenständigen Blattrosette schraubt sich im zweiten oder dritten Standjahr der Blütenspross empor. Der stabile Stängel und die länglichen Blätter sind mit silbrigem Filz überzogen, der eine »Edelmann-Ausstrahlung« schenkt.

Kandelaber-Königskerzen werden nicht nur von Liebhabern naturnaher Gärten geschätzt, sondern stellen sich gerne als Garten-Lüster im klassischen Staudenbeet glanzvoll zur Schau. Blaue Rittersporn-Riesen halten da gerne mit, während violetter Phlox und Begleiter als farbliche Spaßvögel das goldene Ensemble aufmischen.

Neben der hünenhaften Größe beeindruckt die kronleuchterähnliche Anordnung der Blüten. An emporstrebenden, verzweigten »Kerzenhalter-Armen« entrollen sich aus silbrigen Wollknospen Massen leuchtend gelber Blüten. Sie verleihen der Kandelaber-Königkerze den strahlenden Glanz eines Garten-Lüsters. Unermüdlich von Juni bis September schillern die pflanzlichen Kerzenständer nach dem Motto: »Und sie blühten nur einen Sommer lang.« Denn danach sterben sie ab. Aber keine Sorge, am richtigen Standort werden die unzähligen Samen für viele neue Lichtgestalten sorgen.

Wo Sonnenstrahlen zu Hause sind

Griechenland ist die Heimat dieser imposanten Pflanze und deshalb braucht sie einen sehr sonnigen Standort. Sie schätzt trockene, sandige, wenig humose Böden, die gut wasserdurchlässig sind, und gedeiht prächtig auf Geröllboden vom Typ Schuttplatz. Olympisches Doping in Form von Flüssigdünger im Frühling und körnigem Langzeitdünger ist erlaubt, ja erwünscht und reizt diese Königskerze zu stattlicher Größe und goldmedaillenverdächtiger Blühleistung.

Die Kandelaber wiegen sich malerisch elastisch im Wind, ohne zu brechen. Die landläufige Meinung ist, dass derartige Monumental-Stauden in große Prärie-Pflanzungen gehören. Das abgebildete Staudenbeet ist zwar nicht gerade klein, aber doch von vorstellbarem Ausmaß. es folgt nicht dem Leitbild: »Die Kleinen vorne und die Großen hinten«. Hier dürfen die goldenen Kandelaber auch den Vordergrund erhellen und dort wachsen, wo der Wind die Samen hintrug. Mit ihren Blüten-Leuchtarmen staffeln sie ein Beet in zwanglose Areale.

Schön dazu komponiert sind hier weitere gelbe Lichtbringer, wie die Gold-Garbe *(Achillea filipendulina)* 'Parker', die mit 120 Zentimetern Höhe durchaus mithalten kann. In der Komplementärfarbe treten blaue Riesen-Rittersporne als gleichberechtigte Partner auf, z. B. die *Delphinium*-Elatum-Hybride 'Jubelruf' mit ihrer erstaunlichen Höhe von 180 Zentimetern. Damit es nicht langweilig wird im temperamentvollen Beet, wurde eine farblich schräge Prise von violettem Phlox und dunkel pinkfarbenem Blut-Weiderich *(Lythrum salicifolia)* eingestreut.

Weitere blonde Hünen

Sollten die Standortbedingungen in Ihrem Garten für Königskerzen nicht passen, gibt es durchaus goldene Alternativen. In der Familie der Sonnenhüte etwa gibt es mehrere Aspiranten für den Titel »Langer Heinrich«. Der Fallschirm-Sonnenhut *(Rudbeckia nitida)* 'Herbstsonne' ragt bis zu 220 Zentimeter standfest in den Himmel. Seine goldgelben Zungenblüten sind rund um einen grünlichen Kegel angeordnet und hängen wie eine Goldglocke herab. Blütezeit ist August bis September.

Rudbeckia maxima, der Riesen-Sonnenhut, schafft bis zu 200 Zentimeter Lebendlänge. Seine großen, dunklen Blütenkegel und die sattgelben, abstehenden Blütenblätter tanzen zwischen Himmel und Erde. Diese imposante Staude möchte ihre Figur gerne an einem freien Platz zur Schau stellen. Der Gefüllte Sonnenhut *(Rudbeckia lanciniata)* 'Goldball' hat einen etwas schweren Kopf und lehnt sich deshalb gerne, mit seinen fast 200 Zentimetern Höhe an. Ein sonniger Platz an einem Zaun ist sein Lieblingsstandort.

Die Stauden-Sonnenblume *(Helianthus)* 'Lemon Queen' wirkt trotz ihrer Größe von 200 Zentimetern recht grazil. Zu guter Letzt darf der Echte Alant *(Inula helenium)* nicht fehlen. Er ist ein Prachtkerl mit Basketballerformat (bis 200 cm) und von stattlicher Statur. Seine etwas wirren goldgelben Korbblüten zeigt er im Juli und August.

Die Farbe großer Gefühle

Rot ist stark! Rot ist Feuer! Rot ist Liebe und Leidenschaft! Es ist die Farbe des Blutes und steht für menschliches Leben. Positiv wird Rot mit Energie, Lebensfreude und Wärme verbunden, aber es ist auch die Farbe der Wut und des Kriegsgottes Mars. Rot ruft laut: »Achtung!«, und lässt niemanden kalt. Rot im Garten zeugt von Mut und rote Riesen sind ein Riesenvergnügen für die Abenteurerseelen unter uns Gärtnerinnen und Gärtnern.

Feuriges Temperament

Rot gehört mit Gelb sowie Blau zu den Primärfarben und ist die stärkste Farbe in diesem Terzett. Grün ist die Komplementärfarbe von Rot und die beiden stehen sich als Gegenfarben im Farbkreis genau gegenüber. Damit sind sie am weitesten voneinander entfernt und bilden zusammen den stärksten Kontrast. Prima für Power im temperamentvollen Beet, denn Rot wird besonders durch Grün noch mehr angefeuert.

Im Frühling spielen intensiv rote Tulpen besonders vorne im Beet die Gefühlsprovokateure und zusammen mit schrillem Pink feuern sie jedes Beet zur Höchstform an. Im Sommer sind rote Montbretien zusammen mit goldgleißenden Stauden die kessen Einheizer und im Herbst übernehmen rote Dahlien zusammen mit satten Orangeblühern die Rolle der Flammenwerfer.

Rot kommt in unterschiedlichen Tönen daher. Mit einem leichten Stich ins Blaue entsteht prachtvolles Purpurrot. Früher im Malkasten gab es Zinnoberrot, die Lieblingsfarbe vieler Kinder. Für ein temperamentvolles Beet sollte Rot nicht zu viel Orange oder gar Braun haben. Wir wollen das wahre, aufregende Rot, das ins Herz sticht wie Klatschmohn: pur Knallrot. Die Wahl einer aufregenden roten Robe für den roten Teppich ist nicht leicht und teuflisch gutes Rot im Garten zu inszenieren eine echte Herausforderung.

Einfach nur große Flächen mit roten Blüten anzulegen ist kontraproduktiv, ja kann gar langweilig aussehen. Rot selbst ist zwar schon dominant, aber erst zusammen mit weiteren starken Farben entstehen im Beet Gartenbilder wie einst von mutigen Impressionisten in Öl gebannt. Von großer Spannung sind Pflanzenkombinationen von sattem Grün und sattem Rot. Die beiden Komplementärfarben prallen in der Rabatte aufeinander und verströmen maskuline Vitalität und dynamische Stärke.

Rote Giganten

Besitzen rote Blüten schon kraft ihrer machtvollen Farbe eine natürliche Autorität, so potenziert sich diese bei Pflanzen mit Gardemaß um ein Vielfaches. Rote Riesen sind die Matadore in der Beet-Arena – ohne Blut zu vergießen. Das Indische Blumenrohr (Canna indica) ist ein Paradebeispiel für einen roten Giganten.

Für Prachtexemplare zieht man ihre Knollen, die man wie Dahlien überwintert hat, ab Januar hell und warm vor. Nach den Eisheiligen werden sie an einem sonnigen Platz mit sehr nahrhaftem Boden ausgepflanzt. Damit es ein echter Muskelprotz wird, helfen verrotteter Pferdemist sowie alle zwei Wochen Dünger. Da Canna indica eine tropische Sumpfpflanze ist, immer gut wässern. Dann erreichen die prachtvollen Gewächse eine stattliche Höhe von 200 Zentimetern. Die großen, paddelförmigen Blätter sind bei einigen Sorten (siehe Foto) rot überhaucht oder sogar staatstragend dunkelrot. Auf weinroten Stielen thronen obenauf äußerst attraktive signalrote Blütenrispen.

Derartige Kerle brauchen wohl proportionierte Partner an ihrer Seite, wie hier rote Kaktus- oder Pompon-Dahlien und die einfachblütige rote Dahlie 'Bishop of Llandaff', die passend ein schwarzrotes Blättergewand aufweist. Kerzen-Knöterich (Persicaria amplexicaulis, syn.: Bistorta a.) der Sorte 'Firetail', die auch als 'Speciosa' im Handel ist, zeigt seine roten, aufrechten Feuerschwänze von August bis Oktober in lockerer Pracht und mit großer Präsenz. Mit der Höhe des Indischen Blumenrohrs kann der junge Sibirische Kron-Rhabarber (Rheum palmatum var. tanguticum, im Vordergrund) jetzt noch nicht mithalten, aber im Folgejahr wird er spielend und dramatisch die 200 Zentimeter-Marke erreichen. Seine im Austrieb roten Blätter vergrünen zu ausladenden Rhabarber-Riesenblättern, die dann eine tolle Komplementärfarbe zur Canna indica darstellen. Alles in allem: ein roter Riesenspaß für Riesenbeete.

In der Mitte lodert das heiße Feuer der Blüten des Indischen Blumenrohrs, das bei guter Fütterung stattliche Größen erreicht. Im gleichen intensiven Blütenrot fördern Dahlien und Kerzen-Knöterich das Muskelspiel zwischen roten Riesen und grüner Blätterbühne. Die kupferrote Rinde der Mahagoni-Kirsche (Prunus serrula) rahmt die Szene als Theatervorhang ein.

Weitere temperamentvolle Frühlings-Pflanzen

Deutscher Name | *Botanischer Name*	Blütezeit, Höhe, Standort	Farbe	Bemerkungen
Gelbes Steinkraut *Alyssum montanum*	✿ 4–5, ↕ 10–20 cm ☼, sehr durchlässiger, lehmig-humoser Boden	gelb	Staude; gerne im Steingarten, sonst vorne im Beet auf durchlässigem Boden, gut in großen Matten
Blaue Prärielilie *Camassia leichtlinii* 'Caerulea'	✿ 5–6, ↕ 70–90 cm ☼, sandiger, durchlässiger Boden, der im Frühjahr feucht und frisch ist	kräftig blauviolett	Zwiebelpflanze, sternförmige Blüten in lockeren Trauben auf hohen Stielen; in Tuffs und Drifts für Blumenbeete oder als Frühlingsauftakt im Präriebeet
Krokus *Crocus*-Arten und Hybriden	✿ 2–4, ↕ 5–10 cm ☼–◐, alle guten Gartenböden	gelb, lila, weiß, auch zweifarbig	Zwiebelblüher, schönster Frühblüher, findet Platz in jedem Beet
Byzantinische Wildgladiole *Gladiolus communis* subsp. *byzantinus*	✿ 6, ↕ 50–70 cm ☼, nicht zu nährstoffreicher, eher trockener Boden	dunkelpink	Beete und Naturpflanzungen, in Tuffs; am guten Standort bilden sich große Bestände, Knollen ca. 10 cm tief pflanzen, evtl. Winterschutz mit Laub und Reisig
Hyazinthe *Hyacinthus orientalis*	✿ 3–4, ↕ 20–30 cm ☼, alle guten und wasserdurchlässigen Böden	gelb, orange, pink, rot, blauviolett	Zwiebelblüher, stark duftend, mehrjährig, bereichern jedes Beet, wirken sehr schön in einer naturnahen Bepflanzung
Japanischer Waldmohn *Hylomecon japonica*	✿ 4–6, ↕ 30 cm ◐–☼, feuchter, kalkfreier, humusreicher Boden	goldgelb	Staude für das Beet; gut in Massen am Waldrand
Silberblatt *Lunaria annua*	✿ 5–6, ↕ 90 cm ◐, jeder gute, feuchte Gartenboden, anspruchslos	lila	zweijährig, bringt eine schöne Höhe ins Frühlingsbeet, nach der Blüte hübsche Samenstände wie Silbertaler; versamt sich selbst; wirkt gut in Massen im Beet
Levkoje oder Gemshorn *Matthiola bicornis*	✿ 6–9, ↕ 20 cm ☼, normaler Gartenboden	pink, rot, violett	einjährig, bei Vorzucht blüht sie von Spätfrühling bis Herbst, guter Lückenfüller und gute Duftpflanze
Osterglocke *Narcissus*-Arten und -Hybriden	✿ 4–5, ↕ 20–50 cm ☼–◐, jeder gute Gartenboden	gelb	Zwiebelblüher; der gelbe Frühlingsklassiker für alle Beete, am besten in vielen Tuffs, Blätter einziehen lassen
Stiefmütterchen *Viola*-Wittrockiana-Hybriden	✿ 3–6, ↕ 15 cm ☼–◐, alle guten Gartenböden	gelb, rosa, violett, leuchtend blau bis schwarz	zweijährig; Frühlingsklassiker, der auch im Herbst blühend zu haben ist; für Massenpflanzungen und als Lückenfüller

✿ Blütezeit in Monaten   ↕ Höhe in cm   Standort: ☼ Sonne   ◐ Halbschatten   ● Schatten

Weitere temperamentvolle Sommer-Pflanzen

Deutscher Name	*Botanischer Name*	Blütezeit, Höhe, Standort	Farbe	Bemerkungen
Eisenhut *Aconitum x cammarum* 'Franz Marc'	✤ 7–8, ⬆ 120–150 cm ○–◑, eher kühler, nährstoffreicher, frischer Boden	marineblau	Staude, langlebig und standfest, einer der besten Eisen-hüte im Beet; auch für den Waldrand; ähnelt Rittersporn; Vorsicht: sehr giftig!
Inkalilie *Alstroemeria*-Arten und -Sorten	✤ 6–8, ⬆ 50–70 cm ○, alle durchlässigen, feuchten, fruchtbaren Böden, reichlich Dünger und Wasser	gelb, orange, feuerrot	Knollen sind frostempfindlich, in den ersten Jahren intensiver Winterschutz oder wie Dahlien behandeln; für dicke Tuffs im Beet, gerne auch farblich gemischt
Große Ochsenzunge *Anchusa azurea*	✤ 6–7, ⬆ 100–130 cm ○, warmer trockener bis frischer Boden	leuchtend enzianblau	Staude für lockere Beete, Prärie-Stil, einzeln oder in Tuffs (1–5 Stück); etwas frostempfindlich, evtl. kurzle-big, aber sensationelles Blau
Färberkamille *Anthemis tinctoria* 'Dwarf Form'	✤ 6–9, ⬆ 30–40 cm ○, durchlässige, nährstoffarme, sandige Böden	gelborange	Staude, blüht in sonnigen Lagen den ganzen Sommer; zeitiger Rückschnitt empfohlen; gerne vorne im Beet
Hahnenkamm *Celosia argentea*	✤ 7–9, ⬆ 40–50 cm ○, nährstoffreicher, lockerer, feuchter Boden	knallig gelb, orange, rot	einjährige Beetpflanze mit kräftig bunten Blüten wie flammende Hahnkämme, fetzige Lückenfüller
Kornblume *Centaurea cyanus*	✤ 6–8, ⬆ 60–80 cm ○, alle durchlässigen Böden	blau	einjährig, filigran, für Blumenwiesen, Lückenfüller im Staudenbeet
Mädchenauge *Coreopsis grandiflora* 'Christchurch'	✤ 6–9, ⬆ 50 cm ○, normaler Gartenboden, nicht zu trocken	leuchtend orangegelb	Staude, farbintensiv und lange blühend, Alleskönnerin mit sonnigem Gemüt
Fingerhut *Digitalis purpurea* 'Excelsior-Hybriden'	✤ 7–9, ⬆ 80–120 cm ○–◑, kalkarmer, lockerer Boden	rosa, pink, gelb	zwei- bis mehrjährig, Blickfang vor dunklem Hinter-grund, z.B. Gehölzen, versamt sich selbst
Feinstrahlaster *Erigeron*-Hybride 'Rotes Meer' *Erigeron*-Hybride 'Dunkelste Aller'	✤ 6–7, ⬆ 60 cm ○, alle durchlässigen, frischen Böden	knallig pink dunkelblau-violett	Staude für bunte Sommerbeete. Schön in vielen Tuffs von 3–9 Stück; auch gut auf Freiflächen oder Prärie-bepflanzungen
Blut-Storchschnabel *Geranium sanguineum*	✤ 6–8, ⬆ 30–40 cm ○, jeder gute Gartenboden, anspruchslos	pink	Staude, heimisch und robust; ob im Beet oder in der Steinanlage: immer ein hübscher Anblick; verträgt Trockenheit
Fleißiges Lieschen *Impatiens walleriana*	✤ 7–9, ⬆ 20–30 cm ○–◑, guter, dränierter Gartenboden, mit guter Wasserversorgung	pink, purpur, rot. violett	einjährige Beetpflanze, sehr guter Lückenfüller; erfreulich preisgünstig in vielen Farben zu haben
Fackellilie *Kniphofia uvaria* 'Grandiflora Mischung'	✤ 7–9, ⬆ 60–80 cm ○, trockener, frischer, durchlässiger Boden	rot, orange und gelb	Staude mit auffälligen Fackelblüten wie Flammen, für Beete als Solisten; kein Rückschnitt der Blätter im Herbst

Weitere temperamentvolle Herbst-Pflanzen

Deutscher Name | *Botanischer Name*	Blütezeit, Höhe, Standort	Farbe	Bemerkungen
Herbst-Eisenhut *Aconitum carmichaelii* 'Arendsii'	⊛ 9–10, ↕ 140 cm ○–◑, nahrhafter, frischer Boden, gerne kühl und feucht	dunkelblau bis violett	Staude, kräftig, ritterspornähnlich, sehr spät blühend, das letzte großartige Blau der Saison; wahrhaft ein blauer Ritter!
Herbstzeitlose *Colchicum autumnale*	⊛ 9–10, ↕ 10–20 cm ○, frischer bis feuchter Boden, warmer Standort	lila	sieht Krokus ähnlich und bringt Frühlingsgefühle in den Herbst, wirkt wie ein Juwel zwischen Blattschmuck-stauden, Vorsicht: sehr giftig!
Sonnenblume *Helianthus decapetalus* 'Soleil d'Or'	⊛ 8–10, ↕ 130 cm ○, nährstoffreicher, durchlässiger und warmer Boden	goldgelb	Staude mit ornamentalem Wuchs und dahlienähnlichen Prachtblüten; gut im Beet und als Solitär vor Gehölzen oder Zäunen; breitet sich durch Ausläufer selbst aus
Sonnenauge *Heliopsis helianthoides* var. *scabra* 'Spitzentänzerin'	⊛ 8–9, ↕ 130 cm ○, jeder gute, gleichmäßig feuchte Gartenboden	goldgelb	Staude, halbgefüllt; blüht später als andere Sorten; anspruchsloser Dauerblüher, gut im Beet, gerne in größeren Tuffs
Zwerg-Alant *Inula ensifolia* 'Goldammer'	⊛ 8–9, ↕ 10–15 cm ○, warme, lockere, kalkhaltige Böden	sonnengelb	Staude, kleine Korbblüten, schön für den Beet-vordergrund
Purpur-Kreuzkraut *Ligularia dentata* 'Britt-Marie Crawford'	⊛ 7–9, ↕ 60–100 cm ○–◑, frischer bis feuchter Boden	orangegelb	sensationelle Staude für feuchtere Standorte, rot-schwarze Blätter mit violetten Unterseiten in starkem Kontrast zu den goldenen Blüten, sehr wertvoll
Blutweiderich *Lythrum salicaria* 'Feuerkerze'	⊛ 7–9, ↕ 150 cm ○–◑, nährstoffreiche, frische bis feuchte Böden	pink	Staude; eindrucksvoll leuchtende Kerzen von Spätsom-mer bis Frühherbst, für entsprechend große Beete, am besten in Massen
Kerzenknöterich *Persicaria* (= *Bistorta*) *amplexicaulis* 'Atropurpureum'	⊛ 8–10, ↕ 120 cm ○–◑, feucht-lehmiger Boden	rot	Staude; für größere Beete als umfangreiches Polster, gut mit anderen Herbststauden; für Präriebepflanzung
Schleier-Eisenkraut *Verbena bonariensis*	⊛ 8–10, ↕ 100–150 cm ○, alle guten, durchlässigen Gartenböden	lila	Staude; ein moderner Liebling mit scheinbar schwe-benden Blütenknäulen, in Masse eine große Bereiche-rung, versamt sich
Kandelaber-Ehrenpreis *Veronicastrum virginicum* 'Fascination'	⊛ 8–9, ↕ 150–170 cm ○–◑, guter, normaler bis feuchter Boden	rotviolett	Staude, oft nur einjährig, da nicht ganz winterhart; sehr stattliche Präriestaude für Rabatten und den Gehölz-rand; eindrucksvoll verzweigte Blütenähren, wirkt gut als große Gruppe

⊛ Blütezeit in Monaten   ↕ Höhe in cm   Standort: ○ Sonne   ◑ Halbschatten   ● Schatten

Weitere temperamentvolle Riesen-Pflanzen

Deutscher Name | *Botanischer Name*	Blütezeit, Höhe, Standort	Farbe	Bemerkungen
Rote Engelwurz *Angelica gigas*	7–9, 100–140 cm durchlässiger, frischer, feuchter Boden	dunkelpurpurrot	sehr imposante Kuppel-Dolden, beeindruckende Strukturpflanze für Naturpflanzungen, Bienenweide, kurzlebig, versamt sich manchmal
Gold-Engelstrompete *Brugmansia aurea*	8–10, 150–300 cm nährstoffreiches Substrat und gleichmäßige Wasser-versorgung	gelb	imposante Kübelpflanze mit großen Blättern und Trompetenblüten, am besten mit Kübel ins Beet, duftet nachts sehr stark
Riesen-Schuppenkopf *Cephalaria gigantea*	6, 200–250 cm lehmiger Boden, locker-humos	hellgelb	Solitärstaude oder in kleinen Gruppen, besonders für Naturgärten
Spinnenblume *Cleome spinosa, Cleome hassleriana*	6–10, 150 cm normale Gartenerde	pink bis violett	einjährig, selbst vorziehen; braucht unten wenig Platz, orchideenähnliche Blüten und spinnenförmige Samen-stände, attraktive Gigantin, guter Lückenfüller
Natternkopf oder Stolz-von-Madeira *Echium candicans*	6–7, 150–250 cm grobes Substrat, z.B. mit Blähton, gut feucht halten	stahlblau bis violett	Kübelpflanze mit gewaltigen Blüten-Kolben, ein Show-Stopper für ambitionierte Gärtner/-innen; da immergrün, lichtreich überwintern, möglichst nicht zurückschneiden; im Winter auf niedrigem Niveau konstant feucht halten
Weidenröschen *Epilobium angustifolium*	7–9, 150–180 cm alle durchlässigen Böden, anspruchslos	kräftig pinkviolett	Ruderalpflanze mit kerzenförmigen Blüten; für Prärie-beete und fürs Staudenbeet; samt kräftig aus, ist das schönste »Unkraut«
Riesen-Spierstaude (Mädesüß) *Filipendula kamtschatica*	8–9, 200–250 cm humoser Boden, feucht bis frisch	weiße Schaumblüten	imposante und dekorative Solitärstaude, wirkt beson-ders gut vor dunklem Hintergrund
Echter Alant *Inula helenium*	7–8, 180–280 cm nährstoffreicher, locker humoser, gut wasserver-sorgter Boden	goldgelb	Staude; stattliche Prachtstaude mit wildem Charakter, sehr dekorativ an eher feuchtem Standort, auch am Teichrand
Kerzen-Goldkolben *Ligularia przewalskii*	8–9, 200 cm feuchter Boden	gelb	Staude; hoch und schlank wirkt der Goldkolben gut in großen Gruppen als Kerzenmeer
Roter Federmohn *Macleaya microcarpa* 'Spetchley Ruby'	7–9, 150–200 cm nährstoffreicher Boden	rot	Staude; stattliche wie elegante und dekorative Prachtstaude mit bläulichem Laub; wirkt gut in großen Gruppen im Hintergrund eines Beetes
Kron- oder Chinesischer Rhabarber *Rheum palmatum var. tanguticum*	5–7, 100–200 cm nährstoffreiche, tiefgründige, frische, kühle Böden	rot	Staude; sehr imposante und dekorative Prachtstaude, als Solitär oder am Teichrand; roter Blattaustrieb und interessante Samenstände; mag keine dicht stehenden Nachbarn

Adressen, die Ihnen weiterhelfen

Saatgut

Jelitto Staudensamen
Am Toggraben 3
29690 Schwarmstedt
Tel: 0 50 71 / 9 82 90
www.jelitto.com

Kiepenkerl-Nebelung
Kunden-Service
Im Weidboden 12
57629 Norken
Tel: 0 26 61 / 9 40 52 84
www.kiepenkerl.de

Sperli Samen
Tel 0 49 41 / 99 89 35
www.sperli-samen.de
www.sperli-versand.de

Thompson & Morgan Ltd
Tel: 0800 / 1830788
www.thompson-morgan.de

Stauden

Arends Maubach Stauden & Gartenkultur
Monschaustraße 76
42369 Wuppertal-Ronsdorf
Tel: 02 02 / 46 46 10
www.arends-maubach.de

Staudenkulturen Stade
Beckenstrang 24
46325 Borken-Marbeck
Tel: 0 28 61 / 26 04
www.stauden-stade.de

Staudengärtnerei Gräfin von Zeppelin
Weinstraße 2
79295 Sulzburg-Laufen
Tel: 0 76 34 / 6 97 16
www.graefin-v-zeppelin.com

Staudengärtnerei Gaissmayer
Jungviehweide 3
89257 Illertissen
Tel: 0 73 03 / 72 58
www.gaissmayer.de

Frankreich
Iris Cayeux
BP 35
F-45501 Gien Cedex
Frankreich
www.iris-cayeux.de

Blumenzwiebeln und Dahlien

Paul Panzer
Köstritzer Dahlien
Neben dem Kurhaus
07586 Bad Köstritz
Tel: 03 66 05 / 26 59
www.koestritzerdahlien.de

Albrecht Hoch
Potsdamer Straße 40
14163 Berlin
Tel: 0 30 / 8 02 62 51
www.albrechthoch.de

Treppens Blumenzwiebeln
Berliner Straße 84–88
14169 Berlin
Tel: 0 30 / 8 11 33 36
www.treppens.de

Horst Gewiehs
Italienischer Weg 1
37287 Wehretal
Tel: 0 56 51 / 33 62 49
www.gewiehs-blumenzwiebeln.de

Wilhelm Schwieters Dahlien
Wehr 280
48739 Legden
Tel: 0 25 66 / 12 33
www.dahlien-schwieters.de

Lilienfarm
Stuifenweg 4
89075 Ulm
Tel: 07 31 / 9 21 32 15
www.lilienfarm.com

Winterharte Bananen

Der Palmenmann
Merklinder Str. 150
44577 Castrop-Rauxel
Tel: 0 23 05 / 3 59 98 41
www.palmenmann.de

Garten-Versandhandel

Garten-Schlüter Pflanzenversand
Bahnhofstraße 5
25335 Bokholt-Hanredder
Tel: 0 41 23 / 20 21
www.garten-schlueter.de

Gärtner Pötschke
Beuthener Straße 4
41561 Kaarst
Tel: 0 21 31 / 7 93-3 33
www.gaertner-poetschke.de

Baldur-Garten
Elbingerstr. 12
64625 Bensheim
Tel: 0 62 51 / 10 35 10
www.baldur-garten.de

Dehner Gartencenter
Donauwörther Str. 5
86641 Rain am Lech
Tel: 0 90 90 / 77-0
www.dehner.de

N. L. Chrestensen
Erfurter Samen- und
Pflanzenzucht
Witterdaer Weg 6
99092 Erfurt
Tel: 03 61 / 22 45-0
www.gartenversandhaus.de

Stichwortverzeichnis

Stichwortverzeichnis

Danke schön!

Allen bereits mutigen Gärtnern/ Gärtnerinnen danke ich für ihre temperamentvollen wie inspirierenden Beete, die wir in diesem Buch abbilden durften. Sie sind uns farbenfroh leuchtende Vorbilder.

Gerne möchte ich meinem neuseeländischen Gartenfreund Alan Trott danken für die Fotos von seinem feurigen Beet (Seite 119).

Ganz besonders herzlich danke ich meiner Lektorin Ute Bauer für die immer harmonische sowie konstruktive Zusammenarbeit, die dieses Mal bunt und energiegeladen wie das pralle Leben war.

Die Fotografin möchte sich bei folgenden Gartenbesitzern bedanken:
Hermannshof/Weinheim
Christine Orel/Herzogenaurach
Grugapark/Essen
Staudensichtungsgarten
Weihenstephan/Freising
Hildegard Schwarz/Sylt
Uschi Engelhardt/Witten
Kreislehrgarten/Steinfurt
Park der Gärten/Bad Zwischenahn

Über die Autorin

© Privat

Dr. Kristin Lammerting wurde die Gartenleidenschaft auf dem elterlichen Traditionshof »Hardinghausen« in die Wiege gelegt. Auf vielen Reisen besuchte sie Gärten in aller Welt und entdeckte ihre Liebe zu den englischen Gärten. 1993 verwirklichte sie in Köln gemeinsam mit ihrem Mann den Traum vom eigenen englischen Garten, der 2007 von RTL-Zuschauern zum Schönsten Garten Deutschlands gewählt wurde. Weitere Informationen unter www.englischer-garten-koeln.de.

Ihre ganzen Erfahrungen und zahlreiche Fotos präsentiert sie in dem BLV-Buch »Gärten im Englischen Stil«. Nach ihrem Buch »Eleganz im Beet – Pflanzen in Silber, Gold und Schwarz« (mit dem Deutschen Gartenbuchpreis 2011 ausgezeichnet) legt sie mit dem vorliegenden Werk das temperamentvolle »Schwesterbuch« vor, das als Ratgeber auch für kleine Gärten in unseren Breiten gedacht ist.

Über die Fotografin

© Hilla Morian

Marion Nickig gilt in Deutschland als Vorreiterin einer einfühlsamen und sinnlichen Pflanzenfotografie, die geprägt ist von botanischen Fachkenntnissen und einem weitreichenden Hintergrundwissen. Seit 1981 entstanden zunächst Reportagen für das FAZ-Magazin, später folgten Veröffentlichungen in weiteren renommierten Garten- und Wohnzeitschriften im In- und Ausland sowie zahlreiche Bücher, Kalender und Postkarten. Inzwischen gibt sie auch Foto-Workshops. Desweiteren sind ihre Bilder in verschiedenen Ausstellungen zu sehen.

Nähere Infos unter www.marion-nickig.de.

Impressum

Bibliografische Information der Deutschen Nationalbibliothek

Die Deutsche Nationalbibliothek verzeichnet diese Publikation in der Deutschen Nationalbibliografie; detaillierte bibliografische Daten sind im Internet über http://dnb.d-nb.de abrufbar.

blv BLV Buchverlag GmbH & Co. KG

80797 München

© 2012 BLV Buchverlag GmbH & Co. KG, München

Hinweis

Das vorliegende Buch wurde sorgfältig erarbeitet. Dennoch erfolgen alle Angaben ohne Gewähr. Weder Autorin noch Verlag können für eventuelle Nachteile oder Schäden, die aus den im Buch vorgestellten Informationen resultieren, eine Haftung übernehmen.

Umschlaggestaltung: Kochan & Partner, München
Umschlagfotos:
   Vorderseite: Corbis Images/Terry Eggers
   Rückseite: links: MMGI/Marianne Majerus; Mitte: Marion Nickig, rechts: MMGI/Marianne Majerus

Programmleitung Garten: Dr. Thomas Hagen
Lektorat: Ute Bauer
Herstellung: Angelika Tröger
Layoutkonzept Innenteil und DTP: griesbeckdesign, München

Gedruckt auf chlorfrei gebleichtem Papier

Printed in Germany
ISBN 978-3-8354-0940-8

Bildnachweis

Alle Fotos von Marion Nickig, außer:

Lammerting: 5l, 5r, 7, 10, 14, 17lu, 19r, 19lo, 20, 23lo, 24ol, 24ul, 25or, 25ul, 28, 29, 30, 32, 34, 37, 38, 40, 43, 46, 48, 51lu, 52, 54, 57 alle, 58ul, 59o, 59r, 60, 62, 73, 76, 86ol, 89lo, 89lu, 92or, 92ur, 93l, 97, 100, 104, 105, 107, 108, 110, 113, 116; MMGI/Marianne Majerus, design: Tom Stuart-Smith: 31; MMGI/Marianne Majerus; Ulting Wick: 39; MMGI/Bennet Smith, design: Cleve West: 41; MMGI/Marianne Majerus, Grafton Cottage, Staffs: 61, 70; MMGI/Marianne Majerus, design: Jill Foxley: 67; MMGI/Marianne Majerus, Poppy Cottage, England: 71; MMGI/Marianne Majerus, Sussex Prairies: 72, 95; MMGI/Marianne Majerus, RHS Garden, Wisley: 98; MMGI/Marianne Majerus, Haddon Lake House: 101; Trott: 119

Ein Hauch von Luxus: magische Farben im Blumenbeet

Kristin Lammerting
Eleganz im Beet
Exklusive Blumenbeete in edlen Farbtönen gestalten mit Pflanzen
in Silber, Gold und Schwarz · Der Bildband für Ästheten · Pflanzen-
auswahl, Gestaltungsbeispiele, Pflanzkombinationen, Ideen für
Terrasse und Balkon.
ISBN 978-3-8354-0634-6